해법 기초계산 F3

1. 4주 완성의 계획적인 수학 학습!
2. 시간 내 푸는 연습을 통한 실전 감각 향상!
3. 다양한 구성의 문제로 사고력 향상!

계산력이 왜 중요한가?

선생님! 계산력이 왜 중요한가요?

수학 만점으로 가는 길은 계산력에서 시작한단다. 왜 중요한지 수학의 아버지 피타고라스 선생님에게 물어볼까?

계산력은 수학의 뿌리!
계산력 없이 수학은 생각할 수 없지.
수학은 계통성의 학문이라고 해.
역연산으로 인해 덧셈이 뺄셈의 기초가 되고,
곱셈이 확립되어야
나눗셈이 가능해지기 때문이지.
따라서 수학의 근간인 기초 계산력을
완벽하게 다져 주는 것이야말로
수학 만점으로 가는 첫걸음이지.

구성과 특징

개념 만화

만화를 통한 원리 깨치기

만화를 통한 계산 원리와 개념을 이해할 수 있습니다.

1단계

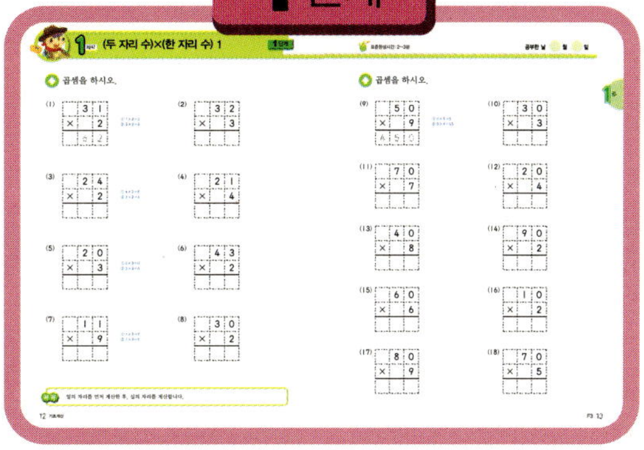

집중 연습으로 계산력 다지기

집중 연습 문제로 기초 계산력을 완벽하게 다질 수 있습니다.

2단계

퍼즐형 문제로 정확성 기르기

흥미로운 퍼즐형 문제로 이루어져 집중력과 정확성까지 기를 수 있습니다.

3단계

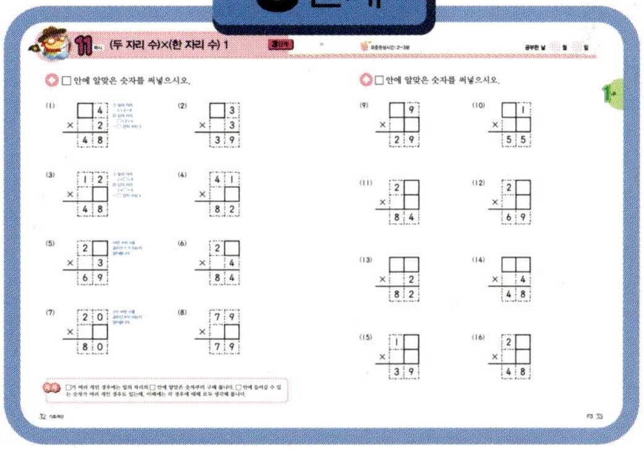

다양한 문제로 사고력 키우기

다양한 문제를 통해 수학적 사고력과 문제 해결력을 높일 수 있습니다.

내용 구성표

권	주	A단계 (5~7세)	B단계 (5~7세)	C단계 (5~7세)
1권	1	일대일 대응, 많다 · 적다	더하기 3 : (1~7)+3	빼기 5 : (1~20)–5
	2	1~5 수 익히기	더하기 3 : (1~17)+3	빼기 6 : (1~20)–6
	3	1~5 수 익히기	더하기 3 : (1~27)+3	빼기 4, 5, 6의 종합
	4	0, 6~10 수 익히기	더하기 1, 2, 3의 종합	더하기 · 빼기의 종합 ①
2권	1	0, 6~10 수 익히기	빼기 1 : (1~10)–1	더하기 · 빼기의 종합 ②
	2	1~10 종합	빼기 1 : (1~20)–1	더하기 7 : (1~9)+7
	3	수 가르기와 수 모으기(1, 2, 3, 4, 5)	빼기 2 : (1~10)–2	더하기 7 : (1~19)+7
	4	수 가르기와 수 모으기(6, 7, 8, 9, 10)	빼기 2 : (1~20)–2	더하기 7 : (1~23)+7
3권	1	11~20 수 익히기	빼기 3 : (1~10)–3	더하기 8 : (1~9)+8
	2	11~20 수 익히기	빼기 3 : (1~20)–3	더하기 8 : (1~22)+8
	3	1~20 종합	빼기 1, 2, 3의 종합	더하기 9 : (1~9)+9
	4	21~30 수 익히기	더하기 · 빼기의 관계 ①	더하기 9 : (1~21)+9
4권	1	31~40 수 익히기	더하기 · 빼기의 관계 ②	더하기 10 : (1~20)+10
	2	41~50 수 익히기	더하기 4 : (1~6)+4	더하기 7, 8, 9, 10의 종합
	3	1~50 종합	더하기 4 : (1~16)+4	더하기 1~10의 종합
	4	51~70 수 익히기	더하기 4 : (1~26)+4	빼기 7 : (1~20)–7
5권	1	71~100 수 익히기	더하기 5 : (1~9)+5	빼기 8 : (1~20)–8
	2	1~100 종합	더하기 5 : (1~15)+5	빼기 9 : (1~20)–9
	3	더하기 1 : (1~9)+1	더하기 5 : (1~25)+5	빼기 10 : (1~20)–10
	4	더하기 1 : (1~19)+1	더하기 6 : (1~9)+6	빼기 7, 8, 9, 10의 종합
6권	1	더하기 1 : (1~29)+1	더하기 6 : (1~14)+6	빼기 1~10의 종합
	2	더하기 2 : (1~8)+2	더하기 6 : (1~24)+6	더하기 · 빼기의 종합 ③
	3	더하기 2 : (1~18)+2	더하기 4, 5, 6의 종합	더하기 · 빼기의 종합 ④
	4	더하기 2 : (1~28)+2	빼기 4 : (1~20)–4	재미있는 더하기 · 빼기의 규칙

권	주	D단계 (초1)	E단계 (초2)	F단계 (초3)	G단계 (초4)
1권	1	더하기 1, 2, 3	받아올림이 있는 (두 자리 수)+(한 자리 수)	(세 자리 수)+(세 자리 수) ①	100, 1000, 10000, 몇백, 몇천 곱하기
	2	합이 5까지인 덧셈	받아내림이 있는 (두 자리 수)−(한 자리 수)	(세 자리 수)+(세 자리 수) ②	(세 자리 수)×(두 자리 수)
	3	합이 9까지인 덧셈	세 수의 덧셈	(세 자리 수)−(세 자리 수) ①	(네 자리 수)×(두 자리 수)
	4	받아올림이 없는 (한 자리 수)+(한 자리 수)	세 수의 뺄셈	(세 자리 수)−(세 자리 수) ②	(세 자리 수)×(세 자리 수)
2권	1	빼기 1, 2, 3	일의 자리에서 받아올림이 있는 (두 자리 수)+(두 자리 수)	2, 3, 4, 5의 단 곱셈구구를 이용한 나눗셈	(세 자리 수)÷(한 자리 수)
	2	5까지의 뺄셈	십의 자리에서 받아올림이 있는 (두 자리 수)+(두 자리 수)	6, 7, 8, 9의 단 곱셈구구를 이용한 나눗셈	(두·세 자리 수)÷(몇십)
	3	9까지의 뺄셈	일, 십의 자리에서 받아올림이 있는 (두 자리 수)+(두 자리 수)	곱셈구구를 이용한 나눗셈 ①	(두·세 자리 수)÷(두 자리 수)
	4	(한 자리 수)−(한 자리 수)	받아올림이 있는 (두 자리 수)+(두 자리 수)	곱셈구구를 이용한 나눗셈 ②	(세·네 자리 수)÷(두 자리 수)
3권	1	10이 되는 더하기	받아내림이 있는 (두 자리 수)−(두 자리 수) ①	(두 자리 수)×(한 자리 수) ①	덧셈과 뺄셈의 혼합 계산
	2	10에서 빼기	받아내림이 있는 (두 자리 수)−(두 자리 수) ②	(두 자리 수)×(한 자리 수) ②	곱셈과 나눗셈의 혼합 계산
	3	세 수의 계산 ①	세 수의 계산 ①	(두 자리 수)×(한 자리 수) ③	혼합 계산 1
	4	세 수의 계산 ②	세 수의 계산 ②	(두 자리 수)×(한 자리 수) ④	혼합 계산 2
4권	1	받아올림이 없는 (두 자리 수)+(한 자리 수)	2, 3, 4, 5의 단 곱셈구구	(네 자리 수)+(세 자리 수)	분수의 이해 1
	2	받아올림이 없는 (두 자리 수)+(두 자리 수)	6, 7, 8, 9의 단 곱셈구구	(네 자리 수)+(네 자리 수)	분수의 이해 2
	3	받아내림이 없는 (두 자리 수)−(한 자리 수)	곱셈구구 ①	(네 자리 수)−(세 자리 수)	분수의 이해 3
	4	받아내림이 없는 (두 자리 수)−(두 자리 수)	곱셈구구 ②	(네 자리 수)−(네 자리 수)	분수의 덧셈
5권	1	두 수의 합이 10이 되는 세 수의 덧셈	받아올림이 없는 (세 자리 수)+(세 자리 수)	(세 자리 수)×(한 자리 수)	분수의 덧셈
	2	(한 자리 수)+(한 자리 수) ①	일의 자리에서 받아올림이 있는 (세 자리 수)+(세 자리 수)	(한 자리 수)×(두 자리 수)	분수의 뺄셈 1
	3	(한 자리 수)+(한 자리 수) ②	십의 자리에서 받아올림이 있는 (세 자리 수)+(세 자리 수)	(두 자리 수)×(두 자리 수) ①	분수의 뺄셈 2
	4	(한 자리 수)+(한 자리 수)의 종합	일, 십의 자리에서 받아올림이 있는 (세 자리 수)+(세 자리 수)	(두 자리 수)×(두 자리 수) ②	세 분수의 덧셈과 뺄셈
6권	1	(십 몇)−(한 자리 수) ①	받아내림이 없는 (세 자리 수)−(세 자리 수)	(두 자리 수)÷(한 자리 수) ①	소수 한 자리 수의 덧셈
	2	(십 몇)−(한 자리 수) ②	십의 자리에서 받아내림이 있는 (세 자리 수)−(세 자리 수)	(두 자리 수)÷(한 자리 수) ②	소수 두·세 자리 수의 덧셈
	3	세 수의 덧셈	백의 자리에서 받아내림이 있는 (세 자리 수)−(세 자리 수)	(두 자리 수)÷(한 자리 수) ③	소수 한 자리 수의 뺄셈
	4	세 수의 뺄셈	십, 백의 자리에서 받아내림이 있는 (세 자리 수)−(세 자리 수)	(두 자리 수)÷(한 자리 수) ④	소수 두·세 자리 수의 뺄셈

Q&A 활용 가이드

Q 아이 수준을 몰라서 어느 단계의 교재를 선택하면 될지 모르겠어요.

A 한 페이지에서 틀린 문제가 6문제 이상이면 이전 단계의 교재부터 시작하세요.

Q 계산 실수를 자주 해요.

A 매일매일 공부하는 습관으로 정확성을 키우세요.

Q 시험 시간이 부족해요.

A 정해진 시간 안에 푸는 연습으로 실전 감각을 키우세요.

Q 공부 계획을 스스로 세우기 힘들어요.

A 스케줄표를 이용해 계획을 세워 2주, 4주 완성에 도전하세요.

4주 완성 스케줄표

활용 방법 매일 2장(2차시)씩 풀면 24일 만에 완성할 수 있습니다.

주						
1주	1일	2일	3일	4일	5일	6일
확인	12~15쪽	16~19쪽	20~23쪽	24~27쪽	28~31쪽	32~35쪽
2주	7일	8일	9일	10일	11일	12일
확인	40~43쪽	44~47쪽	48~51쪽	52~55쪽	56~59쪽	60~63쪽
3주	13일	14일	15일	16일	17일	18일
확인	68~71쪽	72~75쪽	76~79쪽	80~83쪽	84~87쪽	88~91쪽
4주	19일	20일	21일	22일	23일	24일
확인	96~99쪽	100~103쪽	104~107쪽	108~111쪽	112~115쪽	116~119쪽

※ 매일 4장(4차시)씩 풀면 12일 만에 완성할 수 있습니다.

1주 (두 자리 수)×(한 자리 수) 1

학습 체크표 매일 학습이 끝나면 채점을 하고 체크표를 작성하여 나의 실력을 알아보세요.

차시	단계	공부한 날	잘 했나요?
1차시	1단계	월 일	
2차시		월 일	
3차시		월 일	
4차시		월 일	
5차시		월 일	
6차시		월 일	
7차시		월 일	
8차시		월 일	
9차시	2단계	월 일	
10차시		월 일	
11차시	3단계	월 일	
12차시		월 일	

틀린 개수가

0~1 개이면 (아주 잘함)에, 2~3 개이면 (잘함)에,
4~5 개이면 (보통)에, 6 개 이상이면 (노력 바람)에 색칠해 주세요.

만화로 개념 알아보기

학습목표 올림이 없는 (두 자리 수)×(한 자리 수), (몇십)×(몇)의 계산을 여러 가지 방법으로 숙달하고, 곱셈의 기초를 다집니다.

만화로 개념 알아보기

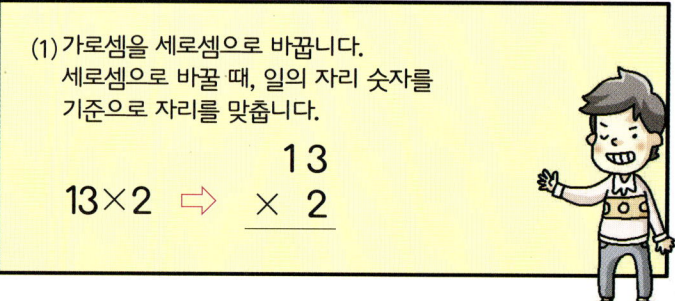

(1) 가로셈을 세로셈으로 바꿉니다.
세로셈으로 바꿀 때, 일의 자리 숫자를 기준으로 자리를 맞춥니다.

$13 \times 2 \Rightarrow \begin{array}{r} 13 \\ \times\ 2 \\ \hline \end{array}$

(2) 일의 자리에는 3×2의 계산 결과인 6을 씁니다.

$\begin{array}{r} 13 \\ \times\ 2 \\ \hline 6 \end{array}$

⇨

(3) 십의 자리에서 1×2의 계산 결과인 2를 씁니다.

$\begin{array}{r} 13 \\ \times\ 2 \\ \hline 26 \end{array}$

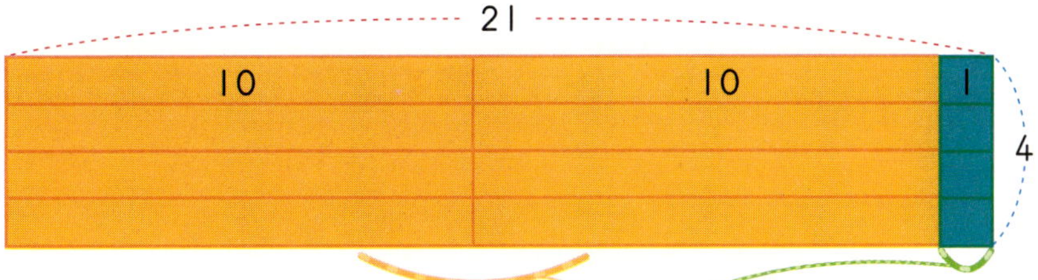

색종이 21장씩 4묶음은 84장입니다.

$$\begin{array}{r} 2\ 1 \\ \times \quad 4 \\ \hline 8\ 4 \end{array}$$

① $1 \times 4 = 4$

② $2 \times 4 = 8$

$1 \times 4 = 4$

$21 \times 4 = 84$

$2 \times 4 = 8$

① 1×4의 곱 4를 일의 자리에 씁니다.
② 2×4의 곱 8을 십의 자리에 씁니다.

1 차시 (두 자리 수)×(한 자리 수) 1

1단계

곱셈을 하시오.

(1)

	3	1
×		2
	6	2

① 1×2=2
② 3×2=6

(2)

	3	2
×		3

(3)

	2	4
×		2

① 4×2=8
② 2×2=4

(4)

	2	1
×		4

(5)

	2	0
×		3

① 0×3=0
② 2×3=6

(6)

	4	3
×		2

(7)

	1	1
×		9

① 1×9=9
② 1×9=9

(8)

	3	0
×		2

꼭꼭 일의 자리를 먼저 계산한 후, 십의 자리를 계산합니다.

곱셈을 하시오.

(9)

	5	0
×		9
4	5	0

① 0×9=0
② 5×9=45

(10)

	3	0
×		3

(11)

	7	0
×		7

(12)

	2	0
×		4

(13)

	4	0
×		8

(14)

	9	0
×		2

(15)

	6	0
×		6

(16)

	1	0
×		2

(17)

	8	0
×		9

(18)

	7	0
×		5

곱셈을 하시오.

(1)

	1	2
×		3

(2)

	2	4
×		2

(3)

	2	1
×		4

(4)

	3	1
×		3

(5)

	2	2
×		4

(6)

	1	1
×		5

(7)

	1	1
×		6

(8)

	4	1
×		2

(9)

	1	3
×		3

(10)

	3	2
×		2

곱셈을 하시오.

(11)

	2	9
×		1

(12)

	3	0
×		8

(13)

	2	1
×		4

(14)

	2	3
×		3

(15)

	4	1
×		2

(16)

	1	2
×		4

(17)

	1	3
×		3

(18)

	2	4
×		2

(19)

	2	2
×		4

(20)

	8	0
×		7

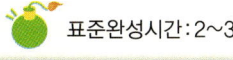

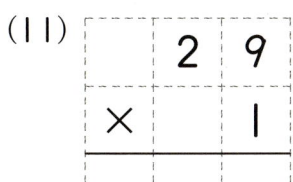

3 차시 (두 자리 수)×(한 자리 수) 1

1단계

곱셈을 하시오.

(1)

$$\begin{array}{r} 4\ 1 \\ \times\quad 2 \\ \hline \end{array}$$

① 세로셈으로 나타낼 때, 일의 자리 숫자를 기준으로 자리를 맞춥니다.

② 일의 자리에는 1×2의 계산 결과인 2를 씁니다.

③ 십의 자리에는 4×2의 계산 결과인 8을 씁니다.

(2)

$$\begin{array}{r} 3\ 3 \\ \times\quad 3 \\ \hline \end{array}$$

(3)

$$\begin{array}{r} 2\ 1 \\ \times\quad 4 \\ \hline \end{array}$$

(4)

$$\begin{array}{r} 3\ 2 \\ \times\quad 2 \\ \hline \end{array}$$

(5)

$$\begin{array}{r} 2\ 5 \\ \times\quad 1 \\ \hline \end{array}$$

(6)

$$\begin{array}{r} 3\ 0 \\ \times\quad 8 \\ \hline \end{array}$$

(7)

$$\begin{array}{r} 4\ 3 \\ \times\quad 2 \\ \hline \end{array}$$

(8)

$$\begin{array}{r} 1\ 2 \\ \times\quad 4 \\ \hline \end{array}$$

(9)

$$\begin{array}{r} 2\ 3 \\ \times\quad 3 \\ \hline \end{array}$$

(10)

$$\begin{array}{r} 8\ 0 \\ \times\quad 9 \\ \hline \end{array}$$

꼭꼭

곱셈을 할 때 일의 자리, 십의 자리의 순서로 계산하도록 지도합니다.
그렇게 연습해야만 다음에 학습할 올림이 있는 곱셈을 익히기에 편리합니다.

곱셈을 하시오.

(11) $\begin{array}{r} 12 \\ \times \quad 3 \\ \hline \end{array}$

(12) $\begin{array}{r} 23 \\ \times \quad 2 \\ \hline \end{array}$

(13) $\begin{array}{r} 12 \\ \times \quad 4 \\ \hline \end{array}$

(14) $\begin{array}{r} 14 \\ \times \quad 2 \\ \hline \end{array}$

(15) $\begin{array}{r} 13 \\ \times \quad 3 \\ \hline \end{array}$

(16) $\begin{array}{r} 21 \\ \times \quad 4 \\ \hline \end{array}$

(17) $\begin{array}{r} 22 \\ \times \quad 3 \\ \hline \end{array}$

(18) $\begin{array}{r} 31 \\ \times \quad 2 \\ \hline \end{array}$

(19) $\begin{array}{r} 32 \\ \times \quad 3 \\ \hline \end{array}$

(20) $\begin{array}{r} 43 \\ \times \quad 2 \\ \hline \end{array}$

(21) $\begin{array}{r} 20 \\ \times \quad 4 \\ \hline \end{array}$

(22) $\begin{array}{r} 10 \\ \times \quad 9 \\ \hline \end{array}$

4 차시 (두 자리 수)×(한 자리 수) 1

1단계

곱셈을 하시오.

(1) 24×2

(2) 13×3

(3) 11×9

(4) 40×5

(5) 32×3

(6) 12×4

(7) 23×3

(8) 69×1

(9) 12×3

(10) 43×2

(11) 31×2

(12) 49×1

(13) 80×7

(14) 32×2

(15) 30×2

곱셈을 하시오.

(16) $\begin{array}{r} 31 \\ \times \quad 2 \\ \hline \end{array}$

(17) $\begin{array}{r} 22 \\ \times \quad 4 \\ \hline \end{array}$

(18) $\begin{array}{r} 32 \\ \times \quad 3 \\ \hline \end{array}$

(19) $\begin{array}{r} 60 \\ \times \quad 7 \\ \hline \end{array}$

(20) $\begin{array}{r} 47 \\ \times \quad 1 \\ \hline \end{array}$

(21) $\begin{array}{r} 20 \\ \times \quad 5 \\ \hline \end{array}$

(22) $\begin{array}{r} 11 \\ \times \quad 6 \\ \hline \end{array}$

(23) $\begin{array}{r} 24 \\ \times \quad 2 \\ \hline \end{array}$

(24) $\begin{array}{r} 13 \\ \times \quad 3 \\ \hline \end{array}$

(25) $\begin{array}{r} 12 \\ \times \quad 4 \\ \hline \end{array}$

(26) $\begin{array}{r} 40 \\ \times \quad 8 \\ \hline \end{array}$

(27) $\begin{array}{r} 68 \\ \times \quad 1 \\ \hline \end{array}$

(28) $\begin{array}{r} 12 \\ \times \quad 3 \\ \hline \end{array}$

(29) $\begin{array}{r} 23 \\ \times \quad 2 \\ \hline \end{array}$

(30) $\begin{array}{r} 22 \\ \times \quad 3 \\ \hline \end{array}$

5 차시 (두 자리 수)×(한 자리 수) 1

1 단계

곱셈을 하시오.

(1) $31\times2=$ [6 | 2]

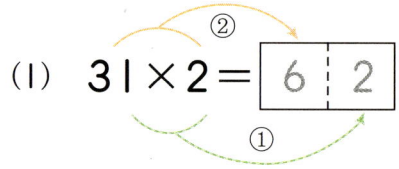

일의 자리를 먼저 계산한 다음, 십의 자리를 계산합니다.

① 일의 자리에는 1×2의 계산 결과인 2를 씁니다.

② 십의 자리에는 3×2의 계산 결과인 6을 씁니다.

(2) $41\times2=$ [|]

① 1×2=2
② 4×2=8

(3) $23\times3=$ [|]

① 3×3=9
② 2×3=6

(4) $20\times4=$ [|]

① 0×4=0
② 2×4=8

(5) $12\times4=$ [|]

① 2×4=8
② 1×4=4

(6) $11\times5=$ [|]

① 1×5=5
② 1×5=5

(7) $30\times3=$ [|]

① 0×3=0
② 3×3=9

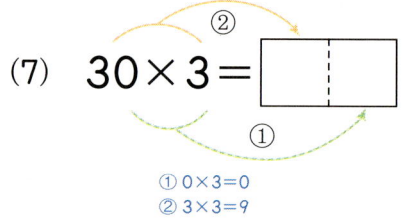

꼭꼭 가로셈을 세로셈으로 고쳐 계산하지 말고 가로셈 그대로 일의 자리, 십의 자리 순서로 계산합니다.

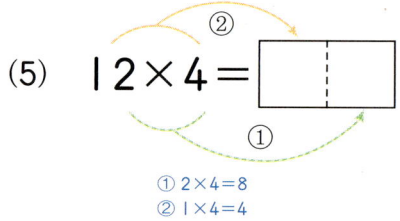

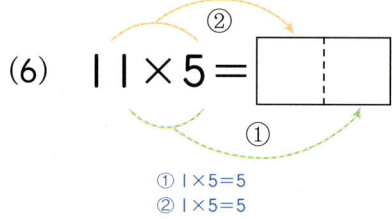

곱셈을 하시오.

(8) $14\times2=$ [② | ①]

(9) $31\times3=$ [② | ①]

(10) $11\times8=$

(11) $66\times1=$

(12) $12\times4=$

(13) $32\times3=$

(14) $41\times2=$

(15) $50\times4=$

(16) $23\times2=$

(17) $13\times3=$

(18) $21\times4=$

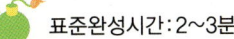

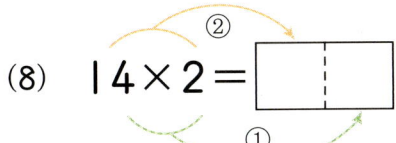

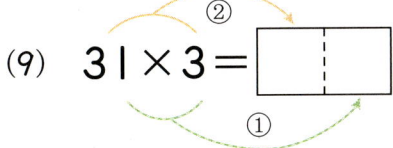

(19) $10\times9=$

6 차시 (두 자리 수)×(한 자리 수) 1

1단계

곱셈을 하시오.

(1) $22\times4=$

(2) $14\times2=$

(3) $21\times3=$

(4) $29\times1=$

(5) $43\times2=$

(6) $22\times3=$

(7) $24\times2=$

(8) $40\times7=$

(9) $50\times6=$

(10) $23\times3=$

(11) $44\times2=$

(12) $33\times3=$

(13) $12\times4=$

(14) $11\times7=$

(15) $78\times1=$

(16) $31\times3=$

곱셈을 하시오.

(17) $50 \times 6 =$

(18) $23 \times 3 =$

(19) $43 \times 2 =$

(20) $70 \times 3 =$

(21) $22 \times 3 =$

(22) $24 \times 2 =$

(23) $86 \times 1 =$

(24) $20 \times 8 =$

(25) $31 \times 3 =$

(26) $21 \times 3 =$

(27) $32 \times 3 =$

(28) $48 \times 1 =$

(29) $44 \times 2 =$

(30) $22 \times 4 =$

(31) $33 \times 3 =$

(32) $14 \times 2 =$

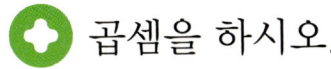

7차시 (두 자리 수)×(한 자리 수) 1

1단계

가로셈을 세로셈으로 고쳐 계산하시오.

(1) 14×2

	1	4
×		2

(2) 23×3

×		

(3) 11×8

(4) 32×2

(5) 21×4

(6) 31×3

(7) 22×4

(8) 49×1

(9) 60×9

꼭꼭 가로셈을 세로셈으로 고쳐 계산할 때에는 자리를 맞추어 쓰고 일의 자리, 십의 자리의 순서로 계산합니다.

가로셈을 세로셈으로 고쳐 계산하시오.

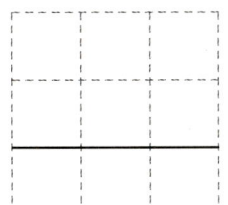

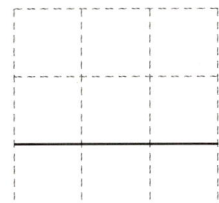

(10) 42×2

(11) 31×3

(12) 34×2

(13) 56×1

(14) 30×8

(15) 12×4

(16) 22×3

(17) 11×7

(18) 13×2

(19) 70×6

(20) 12×3

(21) 43×2

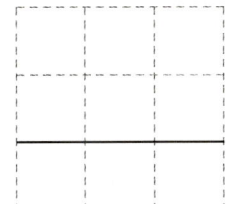

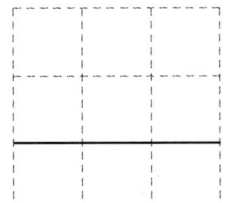

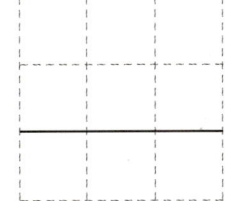

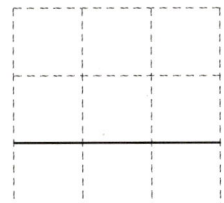

8 차시 (두 자리 수)×(한 자리 수) 1

가로셈을 세로셈으로 고쳐 계산하시오.

(1) 40×8

(2) 14×2

(3) 11×9

(4) 23×3

(5) 43×2

(6) 34×2

(7) 12×4

(8) 32×3

(9) 55×1

(10) 70×5

(11) 21×4

(12) 86×1

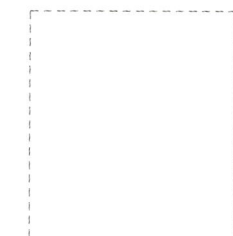

가로셈을 세로셈으로 고쳐 계산하시오.

(13) 43×2

(14) 58×1

(15) 24×2

(16) 32×3

(17) 12×4

(18) 75×1

(19) 23×3

(20) 10×7

(21) 21×4

(22) 33×3

(23) 12×3

(24) 40×6

9 차시 (두 자리 수)×(한 자리 수) 1

2단계

빈칸에 알맞은 수를 써넣으시오.

×	11	22	21	12	50
3					
4					

×	32	60	13	23	31
2					
3					

꼭꼭 가로의 수와 세로의 수의 곱을 빈칸에 써넣습니다.

1 주

빈칸에 알맞은 수를 써넣으시오.

×	43	24	33	12	90
2					
×	60	10	50	11	30
5					
×	12	21	70	22	11
4					
×	33	13	90	21	22
3					

(두 자리 수)×(한 자리 수) 1

빈칸에 알맞은 수를 써넣으시오.

×	21	13	32	60	11
3					
×	70	11	50	10	20
6					
×	76	37	58	80	99
1					
×	10	80	30	50	11
9					

빈칸에 알맞은 수를 써넣으시오.

×	34	41	23	12	70
2					
×	40	11	90	10	50
8					
×	21	11	60	12	70
4					
×	11	20	50	30	10
7					

11 차시 (두 자리 수)×(한 자리 수) 1

3단계

□ 안에 알맞은 숫자를 써넣으시오.

(1)

	□	4
×		2
	4	8

① 일의 자리
4×2=8
② 십의 자리
□×2=4
→ □ 안의 수는 2

(2)

	□	3
×		3
	3	9

(3)

	1	2
×		□
	4	8

① 일의 자리
2×□=8
② 십의 자리
1×□=4
→ □ 안의 수는 4

(4)

	4	1
×		□
	8	2

(5)

	2	□
×		3
	6	9

어떤 수에 3을 곱하면 9가 되는지 알아봅니다.

(6)

	2	□
×		4
	8	4

(7)

	2	0
×		□
	8	0

2에 어떤 수를 곱하면 8이 되는지 알아봅니다.

(8)

	7	9
×		□
	7	9

꼭꼭 □가 여러 개인 경우에는 일의 자리의 □ 안에 알맞은 숫자부터 구해 봅니다. □ 안에 들어갈 수 있는 숫자가 여러 개인 경우도 있는데, 이때에는 각 경우에 대해 모두 생각해 봅니다.

□ 안에 알맞은 숫자를 써넣으시오.

(9)

	□	9
×		□
	2	9

(10)

	□	1
×		□
	5	5

(11)

	2	□
×		□
	8	4

(12)

	2	□
×		□
	6	9

(13)

	□	□
×		2
	8	2

(14)

	□	□
×		4
	4	8

(15)

	1	□
×		□
	3	9

(16)

	2	□
×		□
	4	8

12차시 (두 자리 수)×(한 자리 수) 1

□ 안에 알맞은 숫자를 써넣으시오.

(1) 80×□=640

(2) 2□×2=48

(3) 11×□=88

(4) 2□×3=66

(5) 14×□=28

(6) 1□×4=48

(7) 2□×□=63

(8) □□×4=88

(9) 3□×□=93

(10) □□×2=88

(11) 4□×□=86

(12) □□×3=96

다음과 같은 방법으로 계산하시오.

$23\times3=(20+3)\times3=20\times3+3\times3=60+9=69$

(13) $43\times2=$

(14) $21\times4=$

(15) $12\times3=$

(16) $23\times3=$

(17) $17\times4=$

(18) $29\times3=$

(19) $48\times2=$

(20) $16\times4=$

2주 (두 자리 수)×(한 자리 수) 2

학습 체크표 매일 학습이 끝나면 채점을 하고 체크표를 작성하여 나의 실력을 알아보세요.

차시	단계	공부한 날	잘 했나요?
13차시	1단계	월 일	
14차시		월 일	
15차시		월 일	
16차시		월 일	
17차시		월 일	
18차시		월 일	
19차시		월 일	
20차시		월 일	
21차시	2단계	월 일	
22차시		월 일	
23차시	3단계	월 일	
24차시		월 일	

틀린 개수가

0~1 개이면 (아주 잘함)에, 2~3 개이면 (잘함)에,
4~5 개이면 (보통)에, 6 개 이상이면 (노력 바람)에 색칠해 주세요.

만화로 개념 알아보기

학습목표 십의 자리에서 올림이 있는 (두 자리 수)×(한 자리 수)의 계산을 여러 가지 방법으로 숙달하고, 곱셈의 기초를 다집니다.

만화로 개념 알아보기

올림이 있는 곱셈은 어떻게 해야 해?
별로 어렵지 않아~
자~ 잘 봐~
53×3을 계산해 볼까?
(1) 일단 가로로 된 식을~
53×3
(2) 세로셈으로 바꿉니다~
53
× 3
(3) 3×3을 구하여 일의 자리에 9를 씁니다.
53
× 3
9
(4) 5×3을 구하여 십의 자리에 5를 씁니다. 이때, 1은 십의 자리 왼쪽에 있는 백의 자리에 씁니다.
53
× 3
159

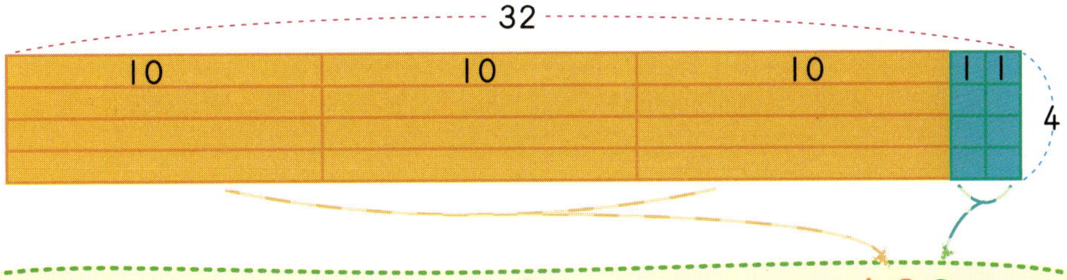

자동차 한 대의 바퀴는 4개씩이므로 32대의 바퀴는 모두 128개입니다.

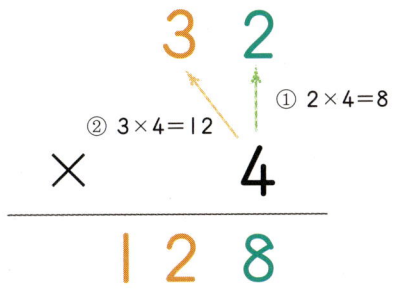

$$\begin{array}{r} 3\ 2 \\ \times\ \ \ 4 \\ \hline 1\ 2\ 8 \end{array}$$

① 2×4=8

② 3×4=12

2×4=8

32×4=128

3×4=12

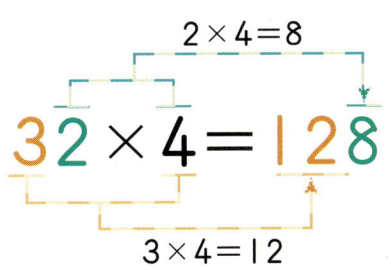

① 2×4의 곱 8을 일의 자리에 씁니다.
② 3×4의 곱 12에서 1은 백의 자리에, 2는 십의 자리에 씁니다.

곱셈을 하시오.

(1)

	7	1
×		2
1	4	2

1×2=2에서
2는 일의 자리에 쓰고,
7×2=14에서
1은 백의 자리에,
4는 십의 자리에 씁니다.

(2)

	5	2
×		3

(3)

	6	4
×		2

① 4×2=8
② 6×2=12

(4)

	6	1
×		4

(5)

	9	2
×		3

① 2×3=6
② 9×3=27

(6)

	9	3
×		2

(7)

	4	1
×		9

① 1×9=9
② 4×9=36

(8)

	8	1
×		5

꼭꼭 일의 자리 숫자를 먼저 곱한 후 십의 자리 숫자를 곱합니다. 십의 자리에서 백의 자리로 올림이 있는 것에 주의합니다.

곱셈을 하시오.

(9)

	5	1
×		9
4	5	9

① $1 \times 9 = 9$
② $5 \times 9 = 45$

(10)

	8	2
×		3

(11)

	7	3
×		3

(12)

	7	1
×		4

(13)

	4	1
×		8

(14)

	9	4
×		2

(15)

	6	2
×		4

(16)

	8	3
×		2

(17)

	8	1
×		9

(18)

	7	2
×		3

14 차시 (두 자리 수)×(한 자리 수) 2

1단계

곱셈을 하시오.

(1)

	8	2
×		3

(2)

	5	4
×		2

(3)

	9	1
×		4

(4)

	7	2
×		3

(5)

	4	2
×		4

(6)

	3	1
×		5

(7)

	6	1
×		6

(8)

	5	1
×		2

(9)

	8	3
×		3

(10)

	9	2
×		2

곱셈을 하시오.

(11)

	2	1
×		9

(12)

	3	1
×		8

(13)

	7	1
×		4

(14)

	4	3
×		3

(15)

	6	1
×		2

(16)

	8	2
×		4

(17)

	7	3
×		3

(18)

	9	4
×		2

(19)

	4	2
×		4

(20)

	8	1
×		7

15 차시 (두 자리 수)×(한 자리 수) 2

1단계

곱셈을 하시오.

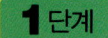

(1)
$$\begin{array}{r} 6\,1 \\ \times \quad 2 \\ \hline \end{array}$$

① 세로셈으로 나타낼 때, 일의 자리 숫자를 기준으로 자리를 맞춥니다.
② 1×2의 계산 결과인 2를 일의 자리에 씁니다.
③ 6×2의 계산 결과인 12를 백의 자리와 십의 자리에 씁니다.

(2)
$$\begin{array}{r} 8\,3 \\ \times \quad 3 \\ \hline \end{array}$$

(3)
$$\begin{array}{r} 7\,1 \\ \times \quad 4 \\ \hline \end{array}$$

(4)
$$\begin{array}{r} 9\,2 \\ \times \quad 2 \\ \hline \end{array}$$

(5)
$$\begin{array}{r} 2\,1 \\ \times \quad 5 \\ \hline \end{array}$$

(6)
$$\begin{array}{r} 3\,1 \\ \times \quad 8 \\ \hline \end{array}$$

(7)
$$\begin{array}{r} 7\,3 \\ \times \quad 2 \\ \hline \end{array}$$

(8)
$$\begin{array}{r} 5\,2 \\ \times \quad 4 \\ \hline \end{array}$$

(9)
$$\begin{array}{r} 6\,2 \\ \times \quad 3 \\ \hline \end{array}$$

(10)
$$\begin{array}{r} 8\,1 \\ \times \quad 9 \\ \hline \end{array}$$

꼭꼭 일의 자리 숫자를 먼저 곱한 후 십의 자리 숫자를 곱합니다. 십의 자리에서 백의 자리로 올림이 있는 것에 주의합니다.

곱셈을 하시오.

(11) $\begin{array}{r} 52 \\ \times \quad 3 \\ \hline \end{array}$

(12) $\begin{array}{r} 73 \\ \times \quad 2 \\ \hline \end{array}$

(13) $\begin{array}{r} 42 \\ \times \quad 4 \\ \hline \end{array}$

(14) $\begin{array}{r} 64 \\ \times \quad 2 \\ \hline \end{array}$

(15) $\begin{array}{r} 93 \\ \times \quad 3 \\ \hline \end{array}$

(16) $\begin{array}{r} 71 \\ \times \quad 4 \\ \hline \end{array}$

(17) $\begin{array}{r} 82 \\ \times \quad 3 \\ \hline \end{array}$

(18) $\begin{array}{r} 91 \\ \times \quad 2 \\ \hline \end{array}$

(19) $\begin{array}{r} 42 \\ \times \quad 3 \\ \hline \end{array}$

(20) $\begin{array}{r} 83 \\ \times \quad 2 \\ \hline \end{array}$

(21) $\begin{array}{r} 32 \\ \times \quad 4 \\ \hline \end{array}$

(22) $\begin{array}{r} 21 \\ \times \quad 9 \\ \hline \end{array}$

16 차시 (두 자리 수)×(한 자리 수) 2

1단계

곱셈을 하시오.

(1) $\begin{array}{r} 84 \\ \times\ \ 2 \\ \hline \end{array}$

(2) $\begin{array}{r} 53 \\ \times\ \ 3 \\ \hline \end{array}$

(3) $\begin{array}{r} 71 \\ \times\ \ 9 \\ \hline \end{array}$

(4) $\begin{array}{r} 41 \\ \times\ \ 5 \\ \hline \end{array}$

(5) $\begin{array}{r} 62 \\ \times\ \ 3 \\ \hline \end{array}$

(6) $\begin{array}{r} 92 \\ \times\ \ 4 \\ \hline \end{array}$

(7) $\begin{array}{r} 43 \\ \times\ \ 3 \\ \hline \end{array}$

(8) $\begin{array}{r} 61 \\ \times\ \ 5 \\ \hline \end{array}$

(9) $\begin{array}{r} 83 \\ \times\ \ 3 \\ \hline \end{array}$

(10) $\begin{array}{r} 73 \\ \times\ \ 2 \\ \hline \end{array}$

(11) $\begin{array}{r} 31 \\ \times\ \ 6 \\ \hline \end{array}$

(12) $\begin{array}{r} 41 \\ \times\ \ 8 \\ \hline \end{array}$

곱셈을 하시오.

(13) $\begin{array}{r} 61 \\ \times \quad 2 \\ \hline \end{array}$

(14) $\begin{array}{r} 32 \\ \times \quad 4 \\ \hline \end{array}$

(15) $\begin{array}{r} 42 \\ \times \quad 3 \\ \hline \end{array}$

(16) $\begin{array}{r} 61 \\ \times \quad 7 \\ \hline \end{array}$

(17) $\begin{array}{r} 41 \\ \times \quad 7 \\ \hline \end{array}$

(18) $\begin{array}{r} 21 \\ \times \quad 5 \\ \hline \end{array}$

(19) $\begin{array}{r} 41 \\ \times \quad 6 \\ \hline \end{array}$

(20) $\begin{array}{r} 84 \\ \times \quad 2 \\ \hline \end{array}$

(21) $\begin{array}{r} 73 \\ \times \quad 3 \\ \hline \end{array}$

(22) $\begin{array}{r} 52 \\ \times \quad 4 \\ \hline \end{array}$

(23) $\begin{array}{r} 41 \\ \times \quad 8 \\ \hline \end{array}$

(24) $\begin{array}{r} 62 \\ \times \quad 3 \\ \hline \end{array}$

17 차시 (두 자리 수)×(한 자리 수) 2

1단계

곱셈을 하시오.

(1) $91\times2=$ | 1 | 8 | 2 |

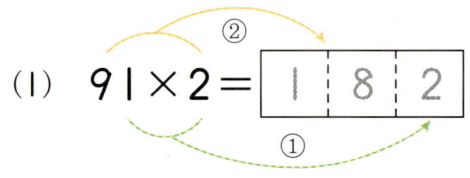

일의 자리를 먼저 계산한 다음, 십의 자리를 계산합니다.
① 1×2의 계산 결과인 2를 일의 자리에 씁니다.
② 9×2의 계산 결과인 18을 백의 자리와 십의 자리에 씁니다.

(2) $81\times2=$ ☐☐☐
① 1×2=2
② 8×2=16

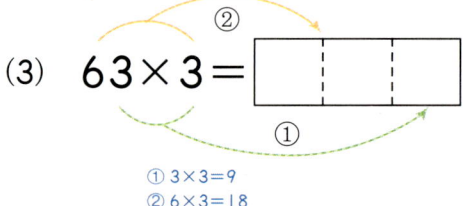

(3) $63\times3=$ ☐☐☐
① 3×3=9
② 6×3=18

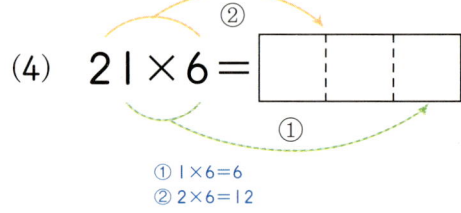

(4) $21\times6=$ ☐☐☐
① 1×6=6
② 2×6=12

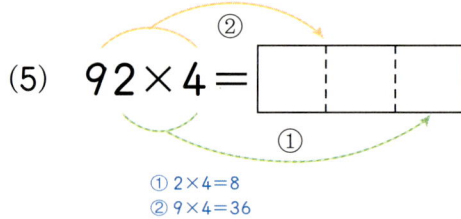

(5) $92\times4=$ ☐☐☐
① 2×4=8
② 9×4=36

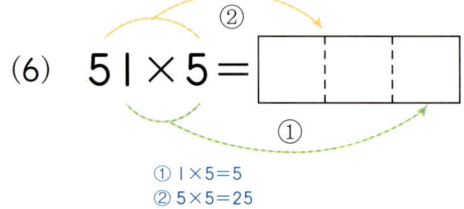

(6) $51\times5=$ ☐☐☐
① 1×5=5
② 5×5=25

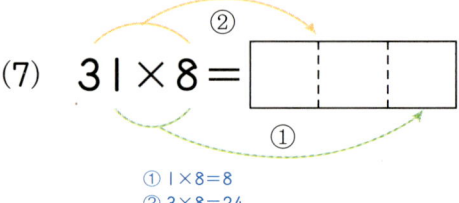

(7) $31\times8=$ ☐☐☐
① 1×8=8
② 3×8=24

꼭꼭 가로셈을 세로셈으로 고쳐 계산하지 말고 가로셈 그대로 일의 자리, 십의 자리 순서로 계산합니다.

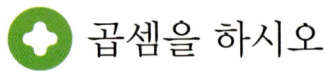

곱셈을 하시오.

(8) $84 \times 2 =$ ☐☐☐ (①, ②)

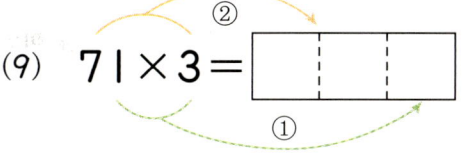

(9) $71 \times 3 =$ ☐☐☐ (①, ②)

(10) $21 \times 8 =$

(11) $62 \times 4 =$

(12) $82 \times 4 =$

(13) $92 \times 3 =$

(14) $71 \times 2 =$

(15) $51 \times 4 =$

(16) $83 \times 2 =$

(17) $53 \times 3 =$

(18) $61 \times 4 =$

(19) $41 \times 9 =$

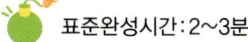

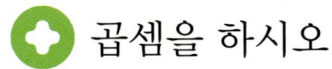

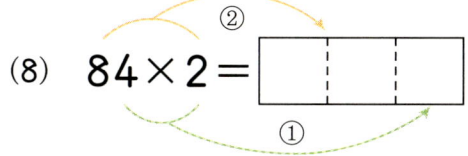

곱셈을 하시오.

(1) $52 \times 4 =$

(2) $74 \times 2 =$

(3) $41 \times 3 =$

(4) $92 \times 3 =$

(5) $83 \times 2 =$

(6) $62 \times 3 =$

(7) $94 \times 2 =$

(8) $41 \times 7 =$

(9) $51 \times 6 =$

(10) $43 \times 3 =$

(11) $84 \times 2 =$

(12) $73 \times 3 =$

(13) $42 \times 4 =$

(14) $21 \times 7 =$

(15) $71 \times 8 =$

(16) $61 \times 3 =$

곱셈을 하시오.

(17) $51 \times 6 =$

(18) $73 \times 3 =$

(19) $83 \times 2 =$

(20) $82 \times 3 =$

(21) $62 \times 3 =$

(22) $94 \times 2 =$

(23) $81 \times 6 =$

(24) $21 \times 8 =$

(25) $93 \times 3 =$

(26) $81 \times 3 =$

(27) $52 \times 3 =$

(28) $84 \times 2 =$

(29) $74 \times 2 =$

(30) $32 \times 4 =$

(31) $63 \times 3 =$

(32) $64 \times 2 =$

19 차시 (두 자리 수)×(한 자리 수) 2

1단계

가로셈을 세로셈으로 고쳐 계산하시오.

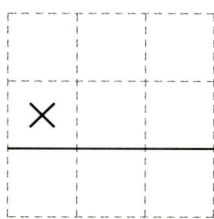

(1) 74×2

	7	4
×		2

(2) 53×3

×		

(3) 31×8

(4) 82×2

(5) 61×4

(6) 91×3

(7) 52×4

(8) 94×2

(9) 61×9

꼭꼭 가로셈을 세로셈으로 고쳐 계산할 때에는 자리를 맞추어 쓰고 일의 자리, 십의 자리의 순서로 계산합니다.

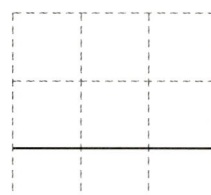

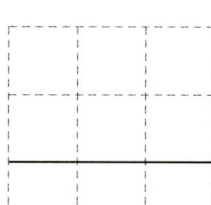

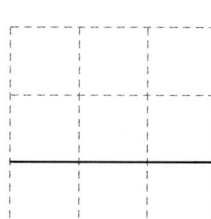

가로셈을 세로셈으로 고쳐 계산하시오.

(10) 42×4

(11) 51×3

(12) 84×2

(13) 64×2

(14) 31×8

(15) 92×4

(16) 72×3

(17) 31×7

(18) 53×2

(19) 71×6

(20) 62×3

(21) 93×2

20 차시 (두 자리 수)×(한 자리 수) 2

가로셈을 세로셈으로 고쳐 계산하시오.

(1) 41×8

(2) 64×2

(3) 91×9

(4) 53×3

(5) 73×2

(6) 84×2

(7) 62×4

(8) 82×3

(9) 54×2

가로셈을 세로셈으로 고쳐 계산하시오.

(10) 83×2

(11) 72×2

(12) 64×2

(13) 82×3

(14) 92×4

(15) 74×2

(16) 93×3

(17) 51×7

(18) 61×4

(19) 83×3

(20) 92×3

(21) 41×6

21차시 (두 자리 수)×(한 자리 수) 2

2단계

빈칸에 알맞은 수를 써넣으시오.

×	71	81	91	51	60
3	213				
4					
2					
5					
7					
6					

꼭꼭 가로의 수와 세로의 수의 곱을 빈칸에 써넣습니다.

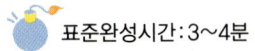

빈칸에 알맞은 수를 써넣으시오.

×	41	21	30	51	91
2					
6					
5					
4					
3					
8					
7					

22차시 (두 자리 수)×(한 자리 수) 2

2단계

빈칸에 알맞은 수를 써넣으시오.

×	50	31	40	61	71
8					
3					
6					
5					
9					
2					
4					

빈칸에 알맞은 수를 써넣으시오.

×	81	41	20	11	70
8					
2					
7					
5					
4					
3					
6					

23 차시 (두 자리 수)×(한 자리 수) 2

3단계

□ 안에 알맞은 숫자를 써넣으시오.

(1)

	□	4
×		2
1	4	8

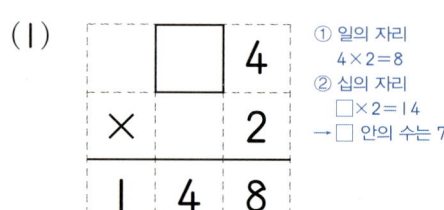

① 일의 자리
4×2=8
② 십의 자리
□×2=14
→□ 안의 수는 7

(2)

	□	3
×		3
2	7	9

(3)

	4	2
×		□
1	6	8

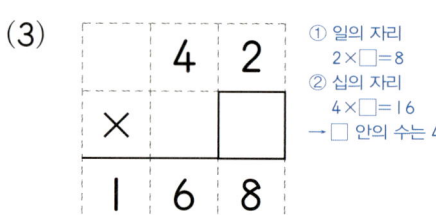

① 일의 자리
2×□=8
② 십의 자리
4×□=16
→□ 안의 수는 4

(4)

	8	1
×		□
1	6	2

(5)

	7	□
×		3
2	1	9

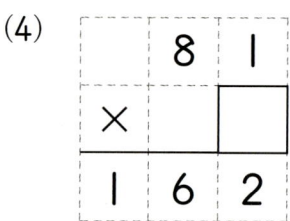

어떤 수에 3을 곱하면 9가 되는지 알아봅니다.

(6)

	5	□
×		4
2	0	4

(7)

	6	2
×		□
2	4	8

2에 어떤 수를 곱하면 8이 되는지 알아봅니다.

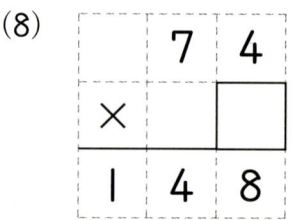

(8)

	7	4
×		□
1	4	8

꼭꼭 □가 여러 개인 경우에는 일의 자리의 □ 안에 알맞은 숫자부터 구해 봅니다. □ 안에 들어갈 수 있는 숫자가 여러 개인 경우도 있는데, 이때에는 각 경우에 대해 모두 생각해 봅니다.

□ 안에 알맞은 숫자를 써넣으시오.

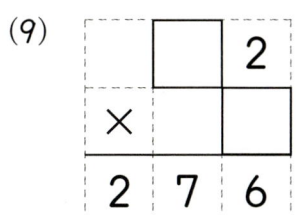

(9)

	□	2
×		□
2	7	6

(10)

	□	1
×		□
4	5	5

(11)

	9	□
×		□
3	6	4

(12)

	4	□
×		□
2	4	6

(13)

	□	□
×		2
1	4	2

(14)

	□	□
×		4
2	0	8

(15)

	4	□
×		□
1	2	9

(16)

	8	□
×		□
1	6	8

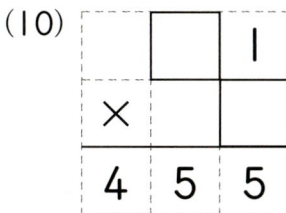

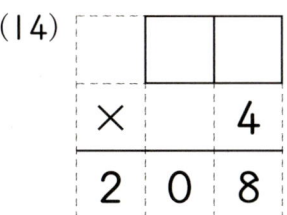

24 차시 (두 자리 수)×(한 자리 수) 2

3단계

□ 안에 알맞은 숫자를 써넣으시오.

(1) $61 \times \square = 122$

(2) $3\square \times 4 = 128$

(3) $51 \times \square = 357$

(4) $5\square \times 3 = 156$

(5) $61 \times \square = 427$

(6) $4\square \times 7 = 287$

(7) $2\square \times \square = 46$

(8) $\square\square \times 4 = 88$

(9) $5\square \times \square = 208$

(10) $\square\square \times 2 = 88$

(11) $4\square \times \square = 205$

(12) $\square\square \times 3 = 276$

다음과 같은 방법으로 계산하시오.

$53\times3=(50+3)\times3=50\times3+3\times3=150+9=159$

(13) $73\times2=$

(14) $91\times4=$

(15) $52\times3=$

(16) $66\times3=$

(17) $97\times4=$

(18) $69\times3=$

(19) $78\times2=$

(20) $46\times4=$

3주 (두 자리 수)×(한 자리 수) 3

학습 체크표 매일 학습이 끝나면 채점을 하고 체크표를 작성하여 나의 실력을 알아보세요.

차시	단계	공부한 날	잘 했나요?
25차시	1단계	월 일	
26차시		월 일	
27차시		월 일	
28차시		월 일	
29차시		월 일	
30차시		월 일	
31차시		월 일	
32차시		월 일	
33차시	2단계	월 일	
34차시		월 일	
35차시	3단계	월 일	
36차시		월 일	

틀린 개수가

0~1개이면 (아주 잘함)에, 2~3개이면 (잘함)에,
4~5개이면 (보통)에, 6개 이상이면 (노력 바람)에 색칠해 주세요.

만화로 개념 알아보기

학습목표 일의 자리에서 올림이 있는 (두 자리 수)×(한 자리 수)의 계산을 여러 가지 방법으로 숙달하고, 곱셈의 기초를 다집니다.

너무 로맨틱해~
아아
뭐가?
책에서 종이학에 대한 이야기가 나왔거든~
호호
종이학 1000마리를 접어서 첫사랑을 만나게 해달라고 소원을 빌었는데 이루어진 거야~
1000마리를 접어 사랑을 이룬다니 멋지지 않아?
그게 뭐가 멋져?
나같으면 1000마리를 접어서 숙제를 해달라고 할 거야!
헤헤
맞다! 숙제!
깜짝!

만화로 개념 알아보기

이걸 어떻게 올리지?
으앙
뭘 고민해?
17×5 계산하는 데 일의 자리에서 올림이 있잖아~
(두 자리 수)×(한 자리 수)의 곱셈을 하는구나~
이리 줘봐~ 가르쳐줄게~
우선 첫째는~
알아! 가로셈을 세로셈으로 고치는 거지?
17×5 ⇩ 17 × 5
둘째로 7×5=35에서 5는 일의 자리에 쓰고, 30은 올림하여 십의 자리에 작게 3이라고 쓰는 거야~
17 ×3 5 5
마지막으로 1×5=5를 십의 자리에 쓸 때, 일의 자리의 곱에서 올림한 수 3을 더하여 십의 자리에 8이라고 쓰는 거야~
17 ×3 5 85
아~ 이렇게 하니깐 일의 자리에서 올림이 있어도 쉽게 풀리는구나!
와아아
간단하지?

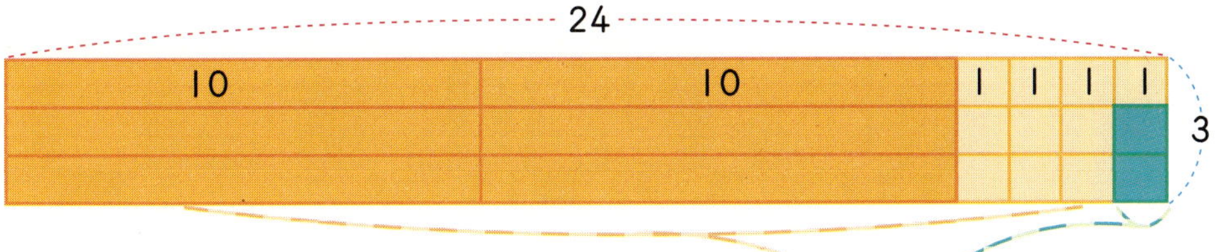

종이학을 24마리씩 3일 동안 접으면 모두 72마리입니다.

$$\begin{array}{r} 2\ 4 \\ \times\ \ \ 3 \\ \hline \not{6}\ \not{1}\ \not{2} \end{array}$$

일의 자리 계산 4×3=12에서 2는 일의 자리에 쓰고, 1은 십의 자리에 작게 1이라 쓴 다음, 십의 자리 계산 2×3의 결과와 더하여 십의 자리에 씁니다.

$$\begin{array}{r} 2\ 4 \\ \times\ \ \ 3 \\ \hline \not{6}\ \not{2} \end{array}$$

올림을 생각하지 않았습니다.

$$\begin{array}{r} 2\ 4 \\ \times\ {}^{1}\ 3 \\ \hline 7\ 2 \end{array}$$

② 2×3+1=7 ① 4×3=12

25차시 (두 자리 수)×(한 자리 수) 3

곱셈을 하시오.

(1)

	1	7
×	1	2
	3	4

① 7×2=14에서 4는 일의 자리에 쓰고, 10은 올림하여 십의 자리에 작게 1이라고 씁니다.
② 1×2=2를 십의 자리에 쓸 때, 일의 자리의 곱에서 올림한 수 1을 더하여 십의 자리에 3이라고 씁니다.

(2)

	2	5
×		3

(3)

	4	6
×		2
	9	2

① 6×2=12
② 4×2+1=9

(4)

	1	6
×		4

(5)

	2	9
×		3

① 9×3=27
② 2×3+2=8

(6)

	3	9
×		2

(7)

	1	4
×		7

① 4×7=28
② 1×7+2=9

(8)

	1	8
×		5

꼭꼭 일의 자리의 계산에서 올림이 있는 곱셈은 올림한 수를 십의 자리에 작게 써 두었다가 반드시 십의 자리의 계산에서 더해 줍니다.

곱셈을 하시오.

(9)

	1	6
×		6

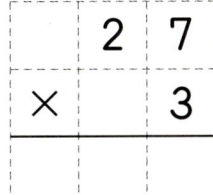

① 6×6=36
② 1×6+3=9

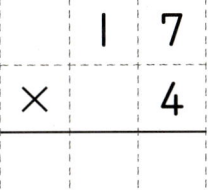

(10)

	2	8
×		3

(11)

	2	7
×		3

(12)

	1	7
×		4

(13)

	1	2
×		8

(14)

	4	9
×		2

(15)

	2	4
×		4

(16)

	3	9
×		2

(17)

	1	8
×		5

(18)

	2	5
×		3

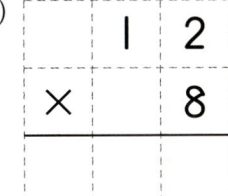

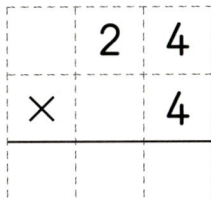

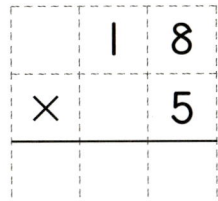

곱셈을 하시오.

(1)

	2	6
×		3

(2)

	4	8
×		2

(3)

	1	9
×		4

(4)

	1	7
×		3

(5)

	2	4
×		4

(6)

	1	3
×		5

(7)

	1	3
×		6

(8)

	1	5
×		2

(9)

	3	8
×		2

(10)

	2	9
×		2

곱셈을 하시오.

(11)

	1	2
×		6

(12)

	1	5
×		5

(13)

	1	7
×		4

(14)

	1	4
×		3

(15)

	3	6
×		2

(16)

	2	3
×		4

(17)

	2	7
×		3

(18)

	4	9
×		2

(19)

	2	4
×		4

(20)

	1	3
×		7

27차시 (두 자리 수)×(한 자리 수) 3

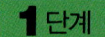

1단계

곱셈을 하시오.

(1)
$$\begin{array}{r} 4\,8 \\ \times \quad 2 \\ \hline \end{array}$$

① 세로셈으로 나타낼 때, 일의 자리 숫자를 기준으로 자리를 맞춥니다.

② 8×2=16에서 6은 일의 자리에 쓰고, 10은 올림하여 십의 자리에 작게 1이라고 씁니다.

③ 4×2=8을 십의 자리에 쓸 때, 일의 자리의 곱에서 올림한 수 1을 더하여 십의 자리에 9라고 씁니다.

(2)
$$\begin{array}{r} 2\,5 \\ \times \quad 3 \\ \hline \end{array}$$

(3)
$$\begin{array}{r} 1\,7 \\ \times \quad 4 \\ \hline \end{array}$$

(4)
$$\begin{array}{r} 2\,9 \\ \times \quad 2 \\ \hline \end{array}$$

(5)
$$\begin{array}{r} 1\,2 \\ \times \quad 5 \\ \hline \end{array}$$

(6)
$$\begin{array}{r} 1\,4 \\ \times \quad 6 \\ \hline \end{array}$$

(7)
$$\begin{array}{r} 3\,7 \\ \times \quad 2 \\ \hline \end{array}$$

(8)
$$\begin{array}{r} 2\,4 \\ \times \quad 4 \\ \hline \end{array}$$

(9)
$$\begin{array}{r} 2\,6 \\ \times \quad 3 \\ \hline \end{array}$$

(10)
$$\begin{array}{r} 1\,4 \\ \times \quad 7 \\ \hline \end{array}$$

꼭꼭 일의 자리의 계산에서 올림이 있을 때 올림을 한 수는 반드시 십의 자리의 계산에서 더하는 연습을 해 두어야 일의 자리와 십의 자리에서 모두 올림이 있는 곱셈을 할 수 있습니다.

곱셈을 하시오.

(11)
$$\begin{array}{r} 15 \\ \times \quad 3 \\ \hline \end{array}$$

(12)
$$\begin{array}{r} 37 \\ \times \quad 2 \\ \hline \end{array}$$

(13)
$$\begin{array}{r} 24 \\ \times \quad 4 \\ \hline \end{array}$$

(14)
$$\begin{array}{r} 46 \\ \times \quad 2 \\ \hline \end{array}$$

(15)
$$\begin{array}{r} 29 \\ \times \quad 3 \\ \hline \end{array}$$

(16)
$$\begin{array}{r} 17 \\ \times \quad 4 \\ \hline \end{array}$$

(17)
$$\begin{array}{r} 28 \\ \times \quad 3 \\ \hline \end{array}$$

(18)
$$\begin{array}{r} 49 \\ \times \quad 2 \\ \hline \end{array}$$

(19)
$$\begin{array}{r} 24 \\ \times \quad 3 \\ \hline \end{array}$$

(20)
$$\begin{array}{r} 38 \\ \times \quad 2 \\ \hline \end{array}$$

(21)
$$\begin{array}{r} 23 \\ \times \quad 4 \\ \hline \end{array}$$

(22)
$$\begin{array}{r} 12 \\ \times \quad 7 \\ \hline \end{array}$$

28 차시 (두 자리 수)×(한 자리 수) 3

1단계

곱셈을 하시오.

(1) $\begin{array}{r} 48 \\ \times \quad 2 \\ \hline \end{array}$

(2) $\begin{array}{r} 25 \\ \times \quad 3 \\ \hline \end{array}$

(3) $\begin{array}{r} 17 \\ \times \quad 5 \\ \hline \end{array}$

(4) $\begin{array}{r} 14 \\ \times \quad 5 \\ \hline \end{array}$

(5) $\begin{array}{r} 26 \\ \times \quad 3 \\ \hline \end{array}$

(6) $\begin{array}{r} 19 \\ \times \quad 4 \\ \hline \end{array}$

(7) $\begin{array}{r} 27 \\ \times \quad 3 \\ \hline \end{array}$

(8) $\begin{array}{r} 16 \\ \times \quad 5 \\ \hline \end{array}$

(9) $\begin{array}{r} 28 \\ \times \quad 3 \\ \hline \end{array}$

(10) $\begin{array}{r} 37 \\ \times \quad 2 \\ \hline \end{array}$

(11) $\begin{array}{r} 13 \\ \times \quad 6 \\ \hline \end{array}$

(12) $\begin{array}{r} 12 \\ \times \quad 8 \\ \hline \end{array}$

곱셈을 하시오.

(13) $\begin{array}{r} 16 \\ \times \quad 2 \\ \hline \end{array}$

(14) $\begin{array}{r} 23 \\ \times \quad 4 \\ \hline \end{array}$

(15) $\begin{array}{r} 18 \\ \times \quad 3 \\ \hline \end{array}$

(16) $\begin{array}{r} 13 \\ \times \quad 7 \\ \hline \end{array}$

(17) $\begin{array}{r} 24 \\ \times \quad 3 \\ \hline \end{array}$

(18) $\begin{array}{r} 17 \\ \times \quad 5 \\ \hline \end{array}$

(19) $\begin{array}{r} 14 \\ \times \quad 6 \\ \hline \end{array}$

(20) $\begin{array}{r} 48 \\ \times \quad 2 \\ \hline \end{array}$

(21) $\begin{array}{r} 27 \\ \times \quad 3 \\ \hline \end{array}$

(22) $\begin{array}{r} 24 \\ \times \quad 4 \\ \hline \end{array}$

(23) $\begin{array}{r} 12 \\ \times \quad 8 \\ \hline \end{array}$

(24) $\begin{array}{r} 26 \\ \times \quad 3 \\ \hline \end{array}$

29 차시 (두 자리 수)×(한 자리 수) 3

1단계

곱셈을 하시오.

(1) 19×2=[3 | 8] (위에 작게 1)
② ①

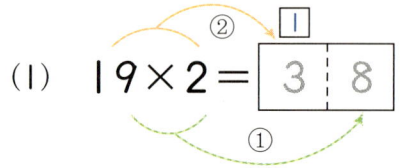

일의 자리를 먼저 계산한 다음, 십의 자리를 계산합니다.

① 9×2=18에서 8은 일의 자리에 쓰고, 10은 올림하여 십의 자리 위에 작게 1이라고 씁니다.

② 1×2=2를 십의 자리에 쓸 때, 일의 자리의 곱에서 올림한 수 1을 더하여 십의 자리에 3이라고 씁니다.

(2) 18×2=[|]

① 8×2=16
② 1×2+1=3

(3) 26×3=[|]

① 6×3=18
② 2×3+1=7

(4) 12×6=[|]

① 2×6=12
② 1×6+1=7

(5) 23×4=[|]

① 3×4=12
② 2×4+1=9

(6) 15×5=[|]

① 5×5=25
② 1×5+2=7

(7) 13×7=[|]

① 3×7=21
② 1×7+2=9

꼭꼭 가로셈을 세로셈으로 고쳐 계산하지 말고 가로셈 그대로 일의 자리, 십의 자리 순서로 계산합니다.

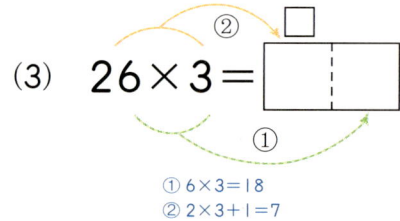

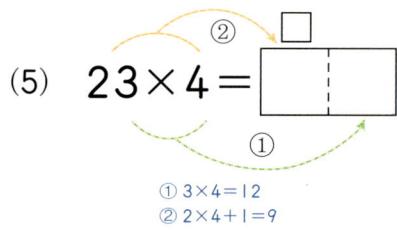

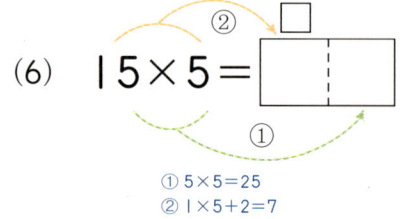

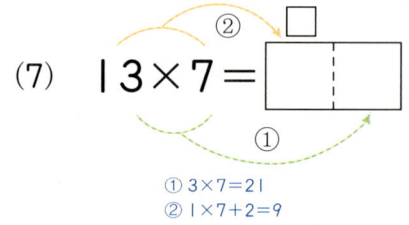

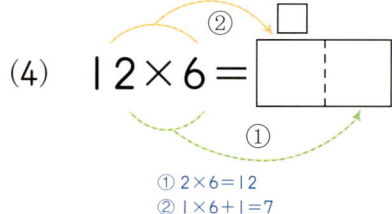

곱셈을 하시오.

(8) $48 \times 2 =$

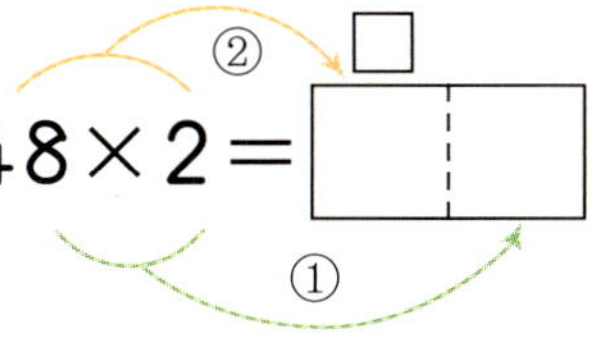

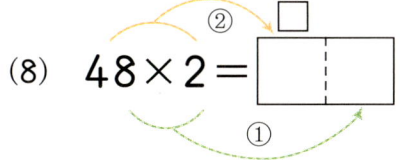

(9) $17 \times 3 =$

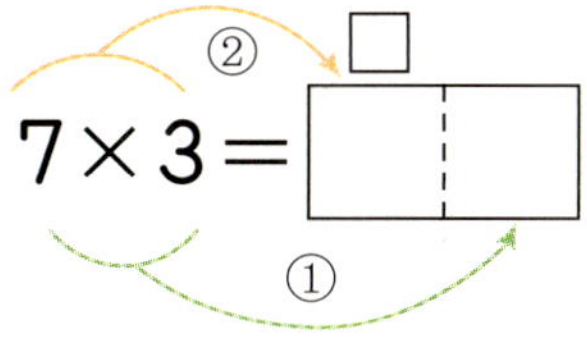

(10) $12 \times 8 =$

(11) $27 \times 2 =$

(12) $24 \times 4 =$

(13) $29 \times 3 =$

(14) $17 \times 2 =$

(15) $15 \times 4 =$

(16) $38 \times 2 =$

(17) $29 \times 2 =$

(18) $16 \times 4 =$

(19) $19 \times 5 =$

30 차시 (두 자리 수)×(한 자리 수) 3

1단계

곱셈을 하시오.

(1) $23\times4=$

(2) $37\times2=$

(3) $14\times3=$

(4) $29\times2=$

(5) $38\times2=$

(6) $26\times3=$

(7) $49\times2=$

(8) $14\times7=$

(9) $15\times6=$

(10) $27\times3=$

(11) $48\times2=$

(12) $18\times3=$

(13) $19\times4=$

(14) $12\times7=$

(15) $12\times8=$

(16) $16\times3=$

곱셈을 하시오.

(17) $15 \times 6 =$

(18) $27 \times 3 =$

(19) $38 \times 2 =$

(20) $28 \times 3 =$

(21) $26 \times 3 =$

(22) $49 \times 2 =$

(23) $14 \times 6 =$

(24) $12 \times 7 =$

(25) $29 \times 3 =$

(26) $18 \times 3 =$

(27) $25 \times 3 =$

(28) $48 \times 2 =$

(29) $47 \times 2 =$

(30) $23 \times 4 =$

(31) $29 \times 3 =$

(32) $36 \times 2 =$

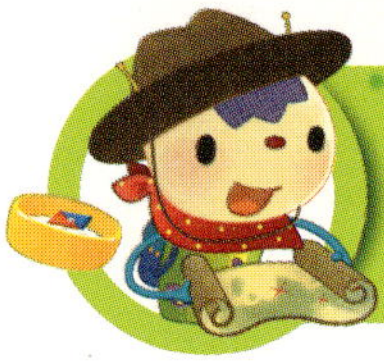

31 차시 (두 자리 수)×(한 자리 수) 3

가로셈을 세로셈으로 고쳐 계산하시오.

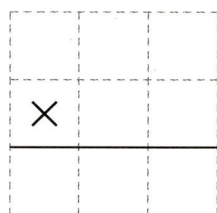

(1) 47×2

	4	7
×		2

(2) 25×3

×		

(3) 12×5

(4) 28×2

(5) 16×4

(6) 19×3

(7) 24×4

(8) 49×2

(9) 16×6

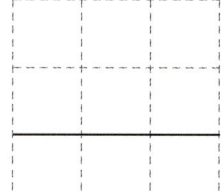

꼭꼭 가로셈을 세로셈으로 고쳐 계산할 때에는 자리를 맞추어 쓰고 일의 자리, 십의 자리의 순서로 계산합니다.

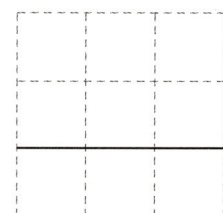

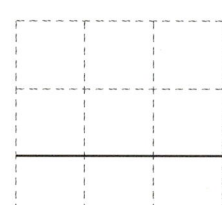

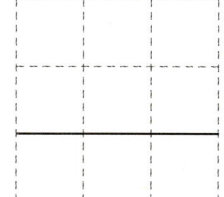

가로셈을 세로셈으로 고쳐 계산하시오.

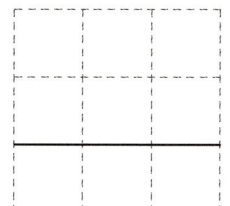

(10) 23×4

(11) 15×3

(12) 48×2

(13) 46×2

(14) 12×7

(15) 19×4

(16) 27×3

(17) 13×7

(18) 35×2

(19) 15×6

(20) 26×3

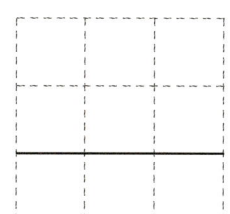

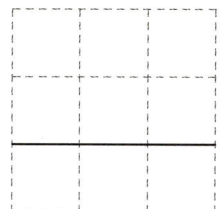

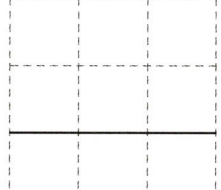

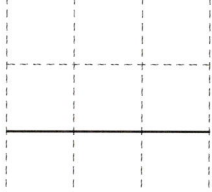

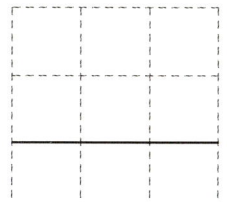

(21) 39×2

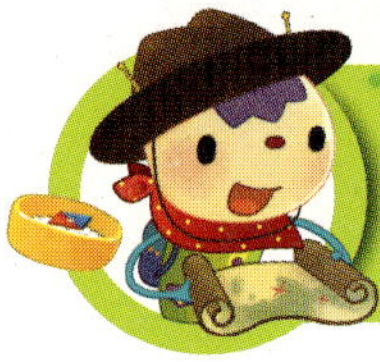

32 차시 (두 자리 수)×(한 자리 수) 3

1단계

가로셈을 세로셈으로 고쳐 계산하시오.

(1) 14×6

(2) 26×2

(3) 18×4

(4) 29×3

(5) 37×2

(6) 48×2

(7) 23×4

(8) 28×3

(9) 45×2

가로셈을 세로셈으로 고쳐 계산하시오.

(10) 39×2

(11) 27×2

(12) 46×2

(13) 17×3

(14) 19×4

(15) 47×2

(16) 29×3

(17) 13×7

(18) 16×4

(19) 18×3

(20) 26×3

(21) 14×6

33 차시 (두 자리 수)×(한 자리 수) 3

2단계

빈칸에 알맞은 수를 써넣으시오.

×	12	10	11	14	13
3	36				
4					
2					
5					
7					
6					

꼭꼭 가로의 수와 세로의 수의 곱을 빈칸에 써넣습니다.

빈칸에 알맞은 수를 써넣으시오.

×	34	29	38	17	46
2					
×	15	11	18	16	19
5					
×	18	23	17	24	16
4					
×	25	19	26	17	18
3					

34 차시 (두 자리 수)×(한 자리 수) 3

2단계

빈칸에 알맞은 수를 써넣으시오.

×	16	28	24	18	27
3					

×	13	12	16	14	15
6					

×	76	37	58	80	99
1					

×	24	15	23	17	19
4					

빈칸에 알맞은 수를 써넣으시오.

×	37	49	26	18	35
2					
×	13	11	19	17	15
5					
×	24	18	16	14	23
4					
×	19	28	16	24	17
3					

35차시 (두 자리 수)×(한 자리 수) 3

3단계

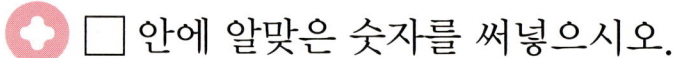

□ 안에 알맞은 숫자를 써넣으시오.

(1)

	□	6
×		3
	7	8

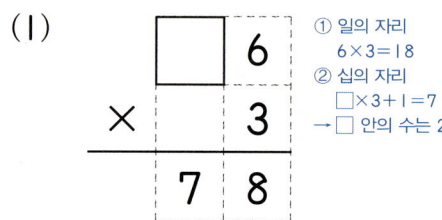

① 일의 자리
6×3=18
② 십의 자리
□×3+1=7
→□ 안의 수는 2

(2)

	□	3
×		5
	6	5

(3)

	2	4
×		□
	9	6

① 일의 자리
4×□=16
4×□=36
→□ 안의 수는 4 또는 9
② 십의 자리
2×□+1=9
2×□+3=9
→□ 안의 수는 4 또는 3

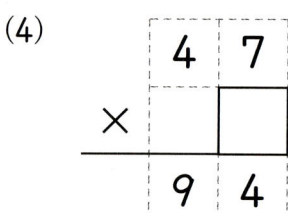

(4)

	4	7
×		□
	9	4

(5)

	1	□
×		6
	8	4

(6)

	1	□
×		5
	7	5

(7)

	2	8
×		□
	8	4

(8)

	1	9
×		□
	9	5

꼭꼭 □가 여러 개인 경우에는 일의 자리의 □ 안에 알맞은 숫자부터 구해 봅니다. □ 안에 들어갈 수 있는 숫자가 여러 개인 경우도 있는데, 이때에는 각 경우에 대해 모두 생각해 봅니다.

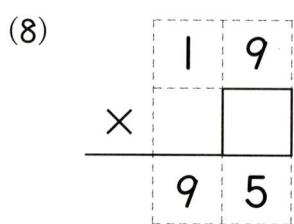

□ 안에 알맞은 숫자를 써넣으시오.

(9)

	□	5
×		□
	3	0

(10)

	□	4
×		□
	7	0

(11)

	2	□
×		□
	5	0

(12)

	1	□
×		□
	9	0

(13)

	□	□
×		2
	5	6

(14)

	□	□
×		3
	7	2

(15)

	2	□
×		□
	9	2

(16)

	1	□
×		□
	6	5

□ 안에 알맞은 숫자를 써넣으시오.

(1)

	□	9
×		□
	9	5

(2)

	□	5
×		□
	4	5

(3)

	2	□
×		□
	5	8

(4)

	1	□
×		□
	3	2

(5)

	□	□
×		4
	6	8

(6)

	□	□
×		2
	7	8

(7)

	2	□
×		□
	7	8

(8)

	1	□
×		□
	5	1

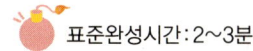

□ 안에 알맞은 숫자를 써넣으시오.

(9) $14\times\square=84$

(10) $1\square\times3=45$

(11) $23\times\square=92$

(12) $3\square\times2=76$

(13) $49\times\square=98$

(14) $1\square\times5=75$

(15) $18\times\square=54$

(16) $1\square\times5=85$

(17) $19\times\square=76$

(18) $2\square\times3=81$

(19) $29\times\square=87$

(20) $1\square\times5=90$

(21) $35\times\square=70$

(22) $1\square\times6=72$

4주 (두 자리 수)×(한 자리 수) 4

학습 체크표 매일 학습이 끝나면 채점을 하고 체크표를 작성하여 나의 실력을 알아보세요.

차시	단계	공부한 날	잘 했나요?
37차시	1단계	월 일	
38차시		월 일	
39차시		월 일	
40차시		월 일	
41차시		월 일	
42차시		월 일	
43차시		월 일	
44차시		월 일	
45차시	2단계	월 일	
46차시		월 일	
47차시	3단계	월 일	
48차시		월 일	

틀린 개수가

0~1개이면 (아주 잘함)에, 2~3개이면 (잘함)에,
4~5개이면 (보통)에, 6개 이상이면 (노력 바람)에 색칠해 주세요.

만화로 개념 알아보기

학습목표 일, 십의 자리에서 올림이 있는 (두 자리 수)×(한 자리 수)의 계산을 여러 가지 방법으로 숙달하고, 곱셈의 기초를 다집니다.

4주

만화로 개념 알아보기

올림이 두 번 있는 곱셈 풀 수 있겠어?
물론이지! 이때까지 공부한 걸 써먹을 기회닷~
후후~ 자신만만한데~
그렇다면 '네모' 안에 들어갈 숫자가 뭔지 맞혀봐~
헉~ 뭐야~
짜잔~ 오늘의 문제~
□6 ……①
× □……②
1 8 2
올림이 두 번 있는 식이야! 네모 안의 수는 무얼까?
흠… 일단! 6×②=◯2가 되게 하는 수는 6×2=12, 6×7=42야 따라서 ②의 숫자는 2 또는 7이야.
②의 숫자를 2라고 하면 ①×2+1=18이므로 ①의 숫자는 없어~
②의 수를 7이라고 하면 ①×7+4=18이므로 ①의 숫자는 2야~
후후후~ 명탐정이라 불러줘~
와~ 명탐정 같아!
하하하

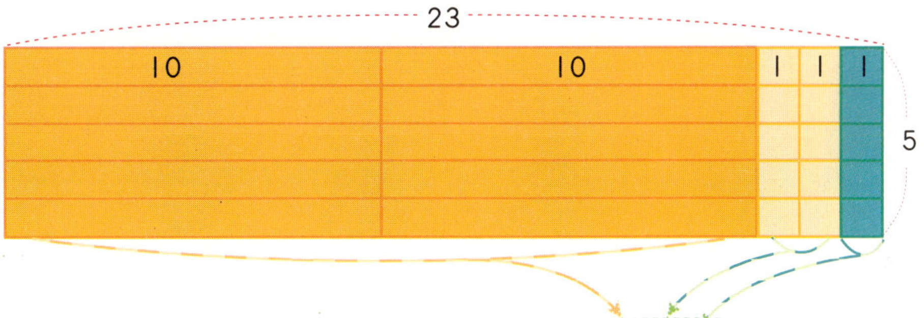

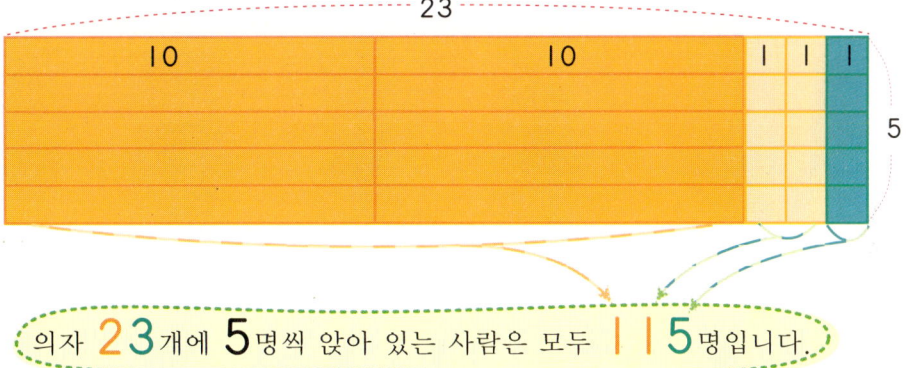

의자 23개에 5명씩 앉아 있는 사람은 모두 115명입니다.

$$\begin{array}{r} 2\ 3 \\ \times\ \ {}^{1}\ 5 \\ \hline 1\ 1\ 5 \end{array}$$

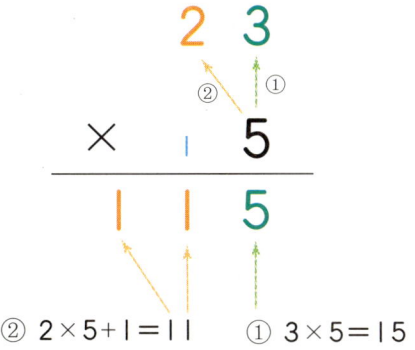

② $2\times5+1=11$ ① $3\times5=15$

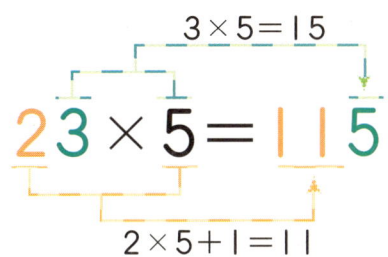

$3\times5=15$

$$23\times5=115$$

$2\times5+1=11$

37차시 (두 자리 수)×(한 자리 수) 4

1단계

곱셈을 하시오.

(1)

	6	8
×	1	2
1	3	6

① 8×2=16에서 6은 일의 자리에 쓰고, 10은 올림하여 십의 자리에 작게 1이라고 씁니다.
② 6×2=12에 올림한 수 1을 더한 13에서 1은 백의 자리에, 3은 십의 자리에 씁니다.

(2)

	4	5
×		8

(3)

	7	6
×		2
1	5	2

① 6×2=12
② 7×2+1=15

(4)

	3	6
×		4

(5)

	5	9
×		3

① 9×3=27
② 5×3+2=17

(6)

	8	9
×		6

(7)

	6	4
×		7

① 4×7=28
② 6×7+2=44

(8)

	3	8
×		5

꼭꼭 일의 자리의 계산에서 올림이 있는 곱셈은 십의 자리에 작게 써 두었다가 반드시 십의 자리의 계산에서 더해 줍니다.

곱셈을 하시오.

(9)

	3	6
×		6

① 6×6=36
② 3×6+3=21

(10)

	7	8
×		3

(11)

	6	7
×		3

(12)

	9	7
×		4

(13)

	4	2
×		8

(14)

	8	9
×		7

(15)

	3	6
×		4

(16)

	7	9
×		5

(17)

	6	8
×		5

(18)

	8	5
×		6

38 차시 (두 자리 수)×(한 자리 수) 4

1 단계

곱셈을 하시오.

(1)

	3	8
×		3

(2)

	5	8
×		5

(3)

	2	9
×		9

(4)

	7	7
×		6

(5)

	5	4
×		4

(6)

	6	3
×		5

(7)

	4	3
×		6

(8)

	8	5
×		8

곱셈을 하시오.

(9)

	3	2
×		6

(10)

	4	5
×		5

(11)

	2	7
×		4

(12)

	3	4
×		3

(13)

	7	6
×		7

(14)

	4	3
×		8

(15)

	5	7
×		9

(16)

	7	9
×		2

(17)

	9	4
×		4

(18)

	8	3
×		7

곱셈을 하시오.

(1)

$$\begin{array}{r} 7\ 8 \\ \times \quad 2 \\ \hline \end{array}$$

① 세로셈으로 나타낼 때, 일의 자리 숫자를 기준으로 자리를 맞춥니다.

② 8×2=16에서 6은 일의 자리에 쓰고, 10은 올림하여 십의 자리에 작게 1이라고 씁니다.

③ 7×2=14에 올림한 수 1을 더한 15에서 1은 백의 자리에, 5는 십의 자리에 씁니다.

(2)

$$\begin{array}{r} 5\ 5 \\ \times \quad 3 \\ \hline \end{array}$$

(3)

$$\begin{array}{r} 4\ 7 \\ \times \quad 4 \\ \hline \end{array}$$

(4)

$$\begin{array}{r} 8\ 9 \\ \times \quad 6 \\ \hline \end{array}$$

(5)

$$\begin{array}{r} 3\ 2 \\ \times \quad 5 \\ \hline \end{array}$$

(6)

$$\begin{array}{r} 9\ 4 \\ \times \quad 8 \\ \hline \end{array}$$

(7)

$$\begin{array}{r} 6\ 7 \\ \times \quad 7 \\ \hline \end{array}$$

(8)

$$\begin{array}{r} 4\ 4 \\ \times \quad 4 \\ \hline \end{array}$$

(9)

$$\begin{array}{r} 8\ 6 \\ \times \quad 3 \\ \hline \end{array}$$

(10)

$$\begin{array}{r} 4\ 3 \\ \times \quad 9 \\ \hline \end{array}$$

꼭꼭 일의 자리의 계산에서 올림이 있는 곱셈은 십의 자리에 작게 써 두었다가 반드시 십의 자리의 계산에서 더해 줍니다.

곱셈을 하시오.

(11) $\begin{array}{r} 65 \\ \times \quad 3 \\ \hline \end{array}$

(12) $\begin{array}{r} 97 \\ \times \quad 5 \\ \hline \end{array}$

(13) $\begin{array}{r} 54 \\ \times \quad 4 \\ \hline \end{array}$

(14) $\begin{array}{r} 76 \\ \times \quad 7 \\ \hline \end{array}$

(15) $\begin{array}{r} 89 \\ \times \quad 6 \\ \hline \end{array}$

(16) $\begin{array}{r} 77 \\ \times \quad 8 \\ \hline \end{array}$

(17) $\begin{array}{r} 58 \\ \times \quad 4 \\ \hline \end{array}$

(18) $\begin{array}{r} 89 \\ \times \quad 2 \\ \hline \end{array}$

(19) $\begin{array}{r} 64 \\ \times \quad 8 \\ \hline \end{array}$

(20) $\begin{array}{r} 58 \\ \times \quad 5 \\ \hline \end{array}$

(21) $\begin{array}{r} 73 \\ \times \quad 7 \\ \hline \end{array}$

(22) $\begin{array}{r} 32 \\ \times \quad 6 \\ \hline \end{array}$

40 차시 (두 자리 수)×(한 자리 수) 4

1단계

곱셈을 하시오.

(1) $\begin{array}{r} 6\ 8 \\ \times \quad 2 \\ \hline \end{array}$

(2) $\begin{array}{r} 5\ 5 \\ \times \quad 3 \\ \hline \end{array}$

(3) $\begin{array}{r} 3\ 7 \\ \times \quad 5 \\ \hline \end{array}$

(4) $\begin{array}{r} 3\ 4 \\ \times \quad 5 \\ \hline \end{array}$

(5) $\begin{array}{r} 5\ 6 \\ \times \quad 6 \\ \hline \end{array}$

(6) $\begin{array}{r} 7\ 9 \\ \times \quad 7 \\ \hline \end{array}$

(7) $\begin{array}{r} 6\ 4 \\ \times \quad 9 \\ \hline \end{array}$

(8) $\begin{array}{r} 4\ 6 \\ \times \quad 5 \\ \hline \end{array}$

(9) $\begin{array}{r} 8\ 8 \\ \times \quad 3 \\ \hline \end{array}$

(10) $\begin{array}{r} 6\ 7 \\ \times \quad 2 \\ \hline \end{array}$

(11) $\begin{array}{r} 4\ 3 \\ \times \quad 6 \\ \hline \end{array}$

(12) $\begin{array}{r} 9\ 2 \\ \times \quad 8 \\ \hline \end{array}$

곱셈을 하시오.

(13) $\begin{array}{r} 86 \\ \times \quad 8 \\ \hline \end{array}$

(14) $\begin{array}{r} 63 \\ \times \quad 4 \\ \hline \end{array}$

(15) $\begin{array}{r} 44 \\ \times \quad 3 \\ \hline \end{array}$

(16) $\begin{array}{r} 53 \\ \times \quad 7 \\ \hline \end{array}$

(17) $\begin{array}{r} 94 \\ \times \quad 5 \\ \hline \end{array}$

(18) $\begin{array}{r} 27 \\ \times \quad 8 \\ \hline \end{array}$

(19) $\begin{array}{r} 34 \\ \times \quad 6 \\ \hline \end{array}$

(20) $\begin{array}{r} 78 \\ \times \quad 2 \\ \hline \end{array}$

(21) $\begin{array}{r} 57 \\ \times \quad 3 \\ \hline \end{array}$

(22) $\begin{array}{r} 83 \\ \times \quad 4 \\ \hline \end{array}$

(23) $\begin{array}{r} 32 \\ \times \quad 8 \\ \hline \end{array}$

(24) $\begin{array}{r} 46 \\ \times \quad 7 \\ \hline \end{array}$

41 차시 (두 자리 수)×(한 자리 수) 4

1단계

곱셈을 하시오.

(1) 97×2=[1][9][4] (올림: 1)

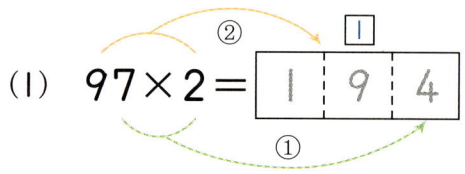

일의 자리를 먼저 계산한 다음, 십의 자리를 계산합니다.

① 7×2=14에서 4는 일의 자리에 쓰고, 10은 올림하여 십의 자리 위에 작게 1이라고 씁니다.

② 9×2=18에 올림한 수 1을 더한 19에서 1은 백의 자리에, 9는 십의 자리에 씁니다.

(2) 78×2=

① 8×2=16
② 7×2+1=15

(3) 46×3=

① 6×3=18
② 4×3+1=13

(4) 92×6=

① 2×6=12
② 9×6+1=55

(5) 43×4=

① 3×4=12
② 4×4+1=17

(6) 35×5=

① 5×5=25
② 3×5+2=17

(7) 23×7=

① 3×7=21
② 2×7+2=16

꼭꼭 가로셈을 세로셈으로 고쳐 계산하지 말고 가로셈 그대로 일의 자리, 십의 자리 순서로 계산합니다.

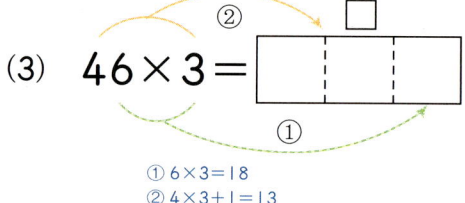

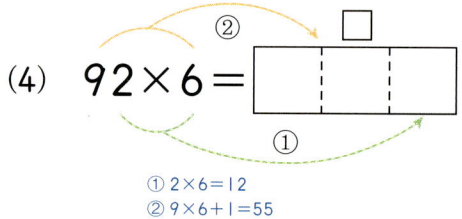

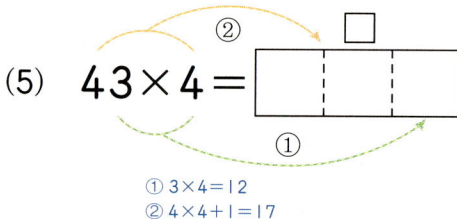

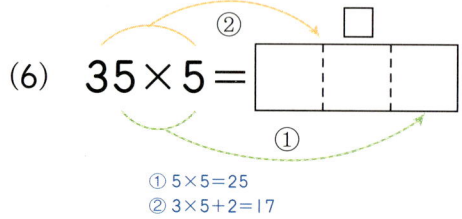

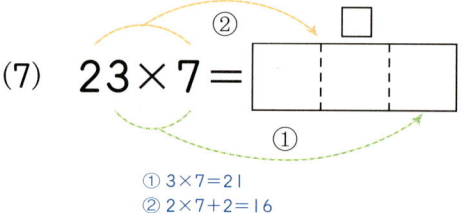

곱셈을 하시오.

(8) $58 \times 2 = \square\square\square$ (①, ②)

(9) $87 \times 3 = \square\square\square$ (①, ②)

(10) $42 \times 8 =$

(11) $93 \times 4 =$

(12) $54 \times 4 =$

(13) $79 \times 3 =$

(14) $67 \times 6 =$

(15) $35 \times 4 =$

(16) $78 \times 2 =$

(17) $49 \times 7 =$

(18) $36 \times 9 =$

(19) $49 \times 5 =$

42차시 (두 자리 수)×(한 자리 수) 4

1단계

곱셈을 하시오.

(1) $63\times4=$

(2) $57\times2=$

(3) $34\times3=$

(4) $59\times3=$

(5) $58\times2=$

(6) $46\times8=$

(7) $69\times5=$

(8) $74\times7=$

(9) $45\times6=$

(10) $87\times9=$

(11) $68\times2=$

(12) $58\times6=$

(13) $94\times4=$

(14) $42\times7=$

(15) $32\times8=$

(16) $66\times3=$

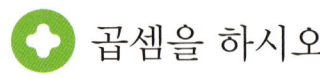

곱셈을 하시오.

(17) $45 \times 6 =$

(18) $78 \times 4 =$

(19) $68 \times 2 =$

(20) $85 \times 7 =$

(21) $76 \times 3 =$

(22) $97 \times 5 =$

(23) $44 \times 6 =$

(24) $25 \times 8 =$

(25) $39 \times 3 =$

(26) $85 \times 5 =$

(27) $85 \times 8 =$

(28) $87 \times 9 =$

(29) $97 \times 2 =$

(30) $39 \times 4 =$

(31) $79 \times 3 =$

(32) $67 \times 5 =$

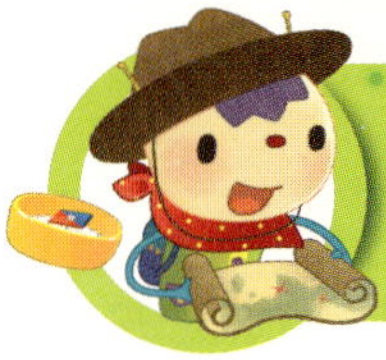

43 차시 (두 자리 수)×(한 자리 수) 4

1 단계

가로셈을 세로셈으로 고쳐 계산하시오.

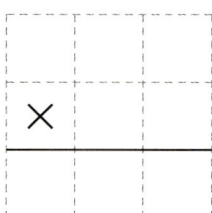

(1) 67×2

	6	7
×		2

(2) 45×3

×		

(3) 72×8

(4) 58×7

(5) 66×4

(6) 89×9

(7) 34×4

(8) 79×5

(9) 96×6

꼭꼭 가로셈을 세로셈으로 고쳐 계산할 때에는 자리를 맞추어 쓰고 일의 자리, 십의 자리의 순서로 계산합니다.

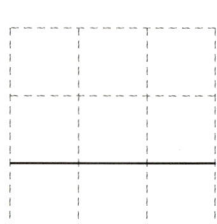

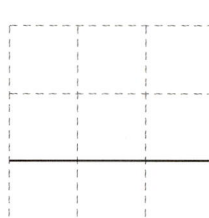

가로셈을 세로셈으로 고쳐 계산하시오.

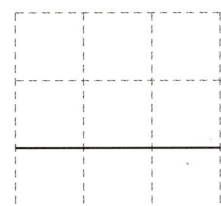

(10) 34×4

(11) 75×3

(12) 68×7

(13) 86×5

(14) 32×8

(15) 79×6

(16) 97×3

(17) 33×7

(18) 85×8

(19) 35×6

(20) 76×9

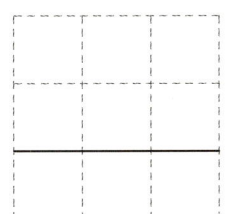

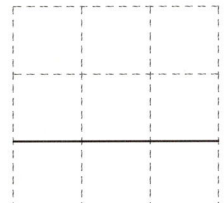

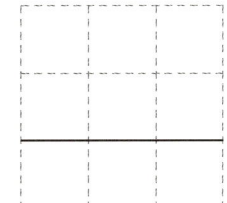

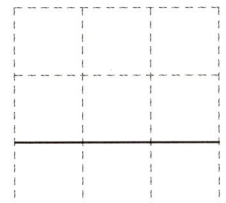

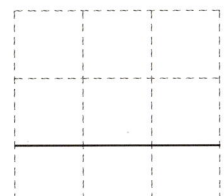

(21) 89×4

44 차시 (두 자리 수)×(한 자리 수) 4

1단계

가로셈을 세로셈으로 고쳐 계산하시오.

(1) 34×6

(2) 86×5

(3) 49×4

(4) 66×3

(5) 87×2

(6) 58×7

(7) 73×4

(8) 58×3

(9) 75×2

가로셈을 세로셈으로 고쳐 계산하시오.

(10) 58×6

(11) 77×8

(12) 96×5

(13) 48×3

(14) 39×4

(15) 87×2

(16) 59×5

(17) 63×6

(18) 46×4

(19) 78×7

(20) 49×3

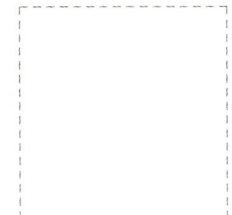

(21) 94×6

45 차시 (두 자리 수)×(한 자리 수) 4

빈칸에 알맞은 수를 써넣으시오.

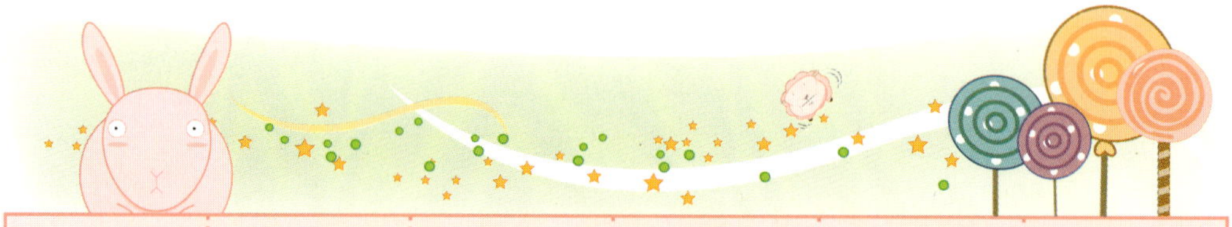

×	74	87	95	58	69
3	222				
4					
2					
5					
7					
6					

꼭꼭 가로의 수와 세로의 수의 곱을 빈칸에 써넣습니다.

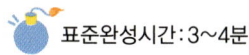

빈칸에 알맞은 수를 써넣으시오.

×	27	54	36	69	48
3					
×	47	28	36	19	94
5					
×	35	49	27	18	76
4					
×	94	29	43	25	73
7					

빈칸에 알맞은 수를 써넣으시오.

32	×	3	=	
×		×		×
2	×	3	=	
=		=		=
	×		=	

빈칸에 알맞은 수를 써넣으시오.

26	×	2	=	
×		×		×
3	×	2	=	
=		=		=
	×		=	

47차시 (두 자리 수)×(한 자리 수) 4

3단계

□ 안에 알맞은 숫자를 써넣으시오.

(1)

	□	3
×		6
2	5	8

① 일의 자리
3×6=18
② 십의 자리
□×6+1=25
→□ 안의 수는 4

(2)

	□	7
×		4
3	4	8

(3)

	5	6
×		□
3	9	2

① 일의 자리
6×□=12
6×□=42
→□ 안의 수는 2 또는 7
② 십의 자리
5×□+1=39(×)
5×□+4=39
→□ 안의 수는 7

(4)

	3	8
×		□
3	0	4

(5)

	6	□
×		5
3	1	5

(6)

	5	□
×		8
4	3	2

(7)

	□	9
×		□
1	3	3

(8)

	□	7
×		□
1	1	9

(9)

	2	□
×		□
1	1	2

(10)

	1	□
×		□
1	0	4

꼭꼭 □가 여러 개인 경우에는 일의 자리의 □ 안에 알맞은 숫자부터 구해 봅니다. □ 안에 들어갈 수 있는 숫자가 여러 개인 경우도 있는데, 이때에는 각 경우에 대해 모두 생각해 봅니다.

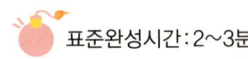

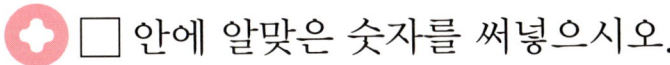

□ 안에 알맞은 숫자를 써넣으시오.

(11) $26 \times \square = 182$

(12) $\square 6 \times 6 = 336$

(13) $73 \times \square = 657$

(14) $\square 4 \times 8 = 752$

(15) $17 \times \square = 119$

(16) $\square 9 \times 3 = 117$

(17) $25 \times \square = 100$

(18) $\square 7 \times 6 = 222$

(19) $34 \times \square = 204$

(20) $7 \square \times 4 = 304$

(21) $87 \times \square = 609$

(22) $6 \square \times 9 = 594$

빈칸에 알맞은 수를 써넣으시오.

32	×		=	64
×		×		×
3	×		=	
=		=		=
	×		=	576

빈칸에 알맞은 수를 써넣으시오.

19	×		=	57
×		×		×
4	×		=	
‖		‖		‖
	×		=	456

종합 평가 F3

공부한 날 월 일

곱셈을 하시오.

(1) $\begin{array}{r} 31 \\ \times \quad 2 \\ \hline \end{array}$

(2) $\begin{array}{r} 32 \\ \times \quad 4 \\ \hline \end{array}$

(3) $\begin{array}{r} 32 \\ \times \quad 3 \\ \hline \end{array}$

(4) $\begin{array}{r} 61 \\ \times \quad 7 \\ \hline \end{array}$

(5) $\begin{array}{r} 47 \\ \times \quad 1 \\ \hline \end{array}$

(6) $\begin{array}{r} 21 \\ \times \quad 5 \\ \hline \end{array}$

(7) $\begin{array}{r} 11 \\ \times \quad 6 \\ \hline \end{array}$

(8) $\begin{array}{r} 84 \\ \times \quad 2 \\ \hline \end{array}$

(9) $\begin{array}{r} 13 \\ \times \quad 3 \\ \hline \end{array}$

(10) $\begin{array}{r} 52 \\ \times \quad 4 \\ \hline \end{array}$

(11) $\begin{array}{r} 40 \\ \times \quad 8 \\ \hline \end{array}$

(12) $\begin{array}{r} 62 \\ \times \quad 3 \\ \hline \end{array}$

(13) $\begin{array}{r} 12 \\ \times \quad 3 \\ \hline \end{array}$

(14) $\begin{array}{r} 63 \\ \times \quad 2 \\ \hline \end{array}$

(15) $\begin{array}{r} 22 \\ \times \quad 3 \\ \hline \end{array}$

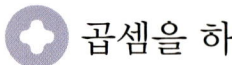

표준완성시간 : 2~5분

틀린 개수	0~2	3~6	7~12	13개 이상
평가	아주 잘함	잘함	보통	노력 바람

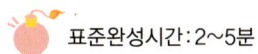

채점을 하고, 틀린 개수에 맞게 ○하세요

(16) $\begin{array}{r} 16 \\ \times\quad 2 \\ \hline \end{array}$

(17) $\begin{array}{r} 97 \\ \times\quad 5 \\ \hline \end{array}$

(18) $\begin{array}{r} 24 \\ \times\quad 3 \\ \hline \end{array}$

(19) $\begin{array}{r} 76 \\ \times\quad 7 \\ \hline \end{array}$

(20) $\begin{array}{r} 18 \\ \times\quad 3 \\ \hline \end{array}$

(21) $\begin{array}{r} 77 \\ \times\quad 8 \\ \hline \end{array}$

(22) $\begin{array}{r} 14 \\ \times\quad 6 \\ \hline \end{array}$

(23) $\begin{array}{r} 89 \\ \times\quad 2 \\ \hline \end{array}$

(24) $\begin{array}{r} 27 \\ \times\quad 3 \\ \hline \end{array}$

(25) $\begin{array}{r} 58 \\ \times\quad 5 \\ \hline \end{array}$

(26) $\begin{array}{r} 12 \\ \times\quad 8 \\ \hline \end{array}$

(27) $\begin{array}{r} 32 \\ \times\quad 6 \\ \hline \end{array}$

(28) $\begin{array}{r} 29 \\ \times\quad 3 \\ \hline \end{array}$

(29) $\begin{array}{r} 68 \\ \times\quad 3 \\ \hline \end{array}$

(30) $\begin{array}{r} 25 \\ \times\quad 3 \\ \hline \end{array}$

(31) $51 \times 6 =$

(32) $23 \times 3 =$

(33) $83 \times 2 =$

(34) $70 \times 3 =$

(35) $62 \times 3 =$

(36) $24 \times 2 =$

(37) $81 \times 6 =$

(38) $20 \times 8 =$

(39) $93 \times 3 =$

(40) $21 \times 3 =$

(41) $27 \times 3 =$

(42) $78 \times 4 =$

(43) $28 \times 3 =$

(44) $85 \times 7 =$

(45) $14 \times 8 =$

(46) $25 \times 8 =$

(47) $18 \times 3 =$

(48) $85 \times 5 =$

(49) $48 \times 2 =$

(50) $87 \times 9 =$

기초계산 F3

정답 및 지도서

자르는 선을 따라 잘라 보관하여, 채점할 때 사용하세요.

자르는 선

정답 및 지도서 F3

1주 (두 자리 수)×(한 자리 수) 1

지도 방법

❶ 받아올림이 없는 (두 자리 수)×(한 자리 수)를 계산하는 단계입니다. 곱셈의 의미를 파악하여 계산 원리를 다시 한번 정리하고 계산 방법을 익힙니다.

❷ 몇십과 몇의 계산을 몇과 몇의 곱에 0을 붙여 계산할 수 있음을 이해합니다.

❸ 받아올림이 있는 두 수의 곱셈을 학습하는 것에 대비하여 계산 순서는 반드시 일의 자리부터 해야 함을 강조합니다.

❹ 곱셈은 어렵지 않게 할 수 있으므로 세로셈, 가로셈 모두 바로 답을 쓸 수 있도록 지도합니다.

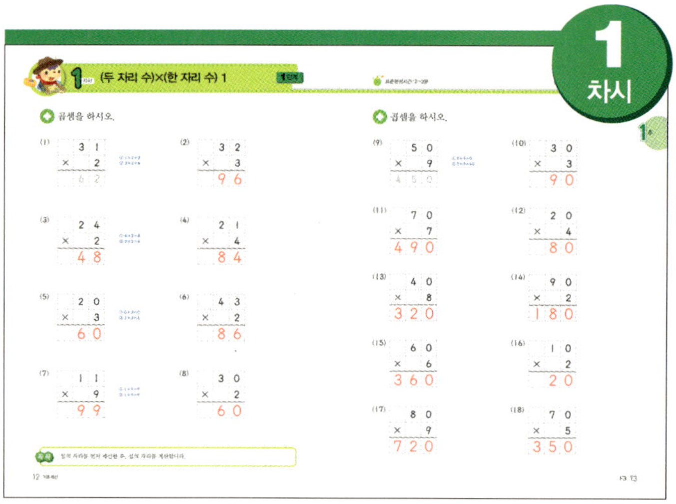
1 차시 (두 자리 수)×(한 자리 수) 1

곱셈을 하시오.

(1) 31 × 2 = 62 (2) 32 × 3 = 96 (3) 24 × 2 = 48 (4) 21 × 4 = 84 (5) 20 × 3 = 60 (6) 43 × 2 = 86 (7) 11 × 9 = 99 (8) 30 × 2 = 60

(9) 50 × 9 = 450 (10) 30 × 3 = 90 (11) 70 × 7 = 490 (12) 20 × 4 = 80 (13) 40 × 8 = 320 (14) 90 × 2 = 180 (15) 60 × 6 = 360 (16) 10 × 2 = 20 (17) 80 × 9 = 720 (18) 70 × 5 = 350

12~13쪽

곱하는 수를 곱해지는 수의 일의 자리와 십의 자리에 차례로 곱하여 계산합니다.

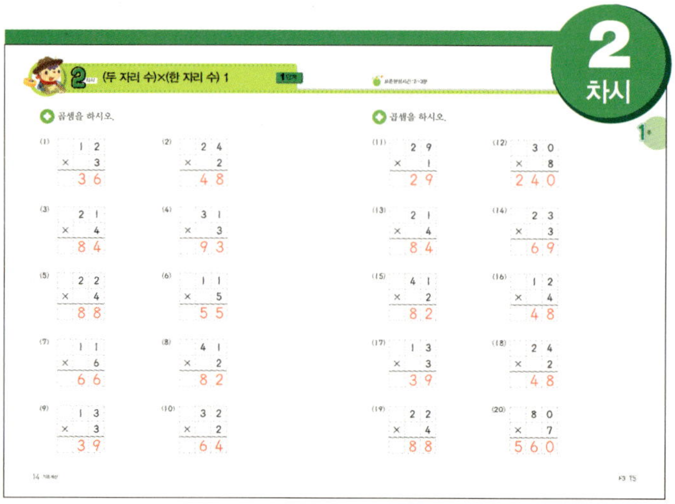
2 차시 (두 자리 수)×(한 자리 수) 1

곱셈을 하시오.

(1) 12 × 3 = 36 (2) 24 × 2 = 48 (3) 21 × 4 = 84 (4) 31 × 3 = 93 (5) 22 × 4 = 88 (6) 11 × 5 = 55 (7) 11 × 6 = 66 (8) 41 × 2 = 82 (9) 13 × 3 = 39 (10) 32 × 2 = 64

(11) 29 × 1 = 29 (12) 30 × 8 = 240 (13) 21 × 4 = 84 (14) 23 × 3 = 69 (15) 41 × 2 = 82 (16) 12 × 4 = 48 (17) 13 × 3 = 39 (18) 24 × 2 = 48 (19) 22 × 4 = 88 (20) 80 × 7 = 560

14~15쪽

일의 자리를 먼저 계산한 후, 십의 자리를 계산합니다. 각 자리에 맞게 곱을 쓰도록 합니다.

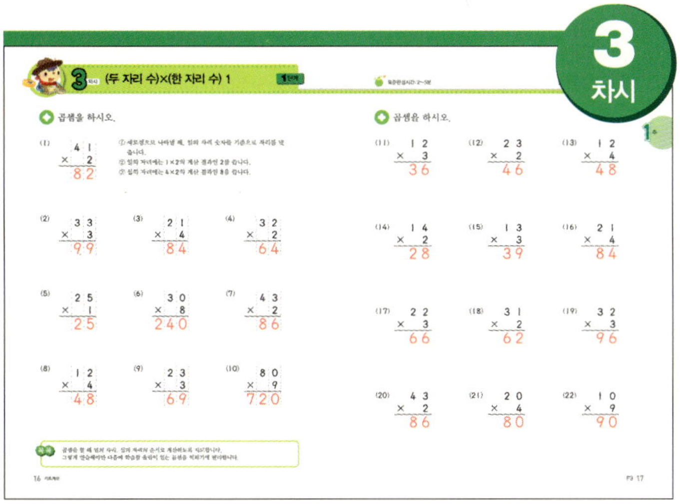

16~17쪽

곱셈을 할 때 일의 자리, 십의 자리의 순서로 계산하도록 지도합니다. 이와 같이 연습하면 다음에 학습할 올림이 있는 곱셈을 익히기에 편리합니다.

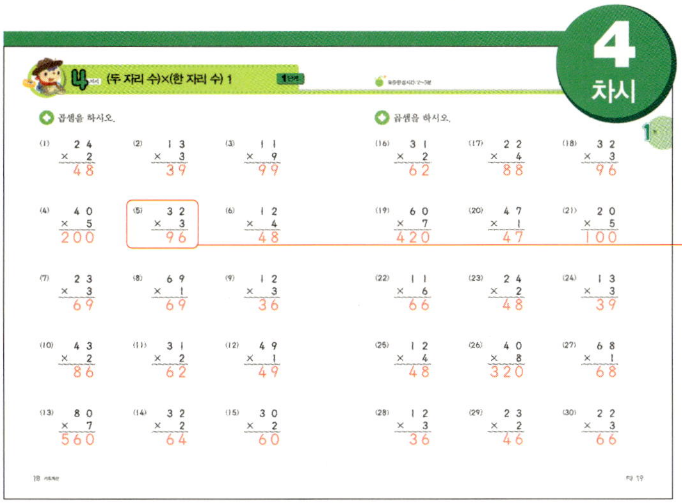

18~19쪽

곱하는 수 3을 곱해지는 수 32의 일의 자리 숫자 2에 곱하여 일의 자리에 쓰고, 32의 십의 자리 숫자 3에 곱하여 십의 자리에 씁니다.

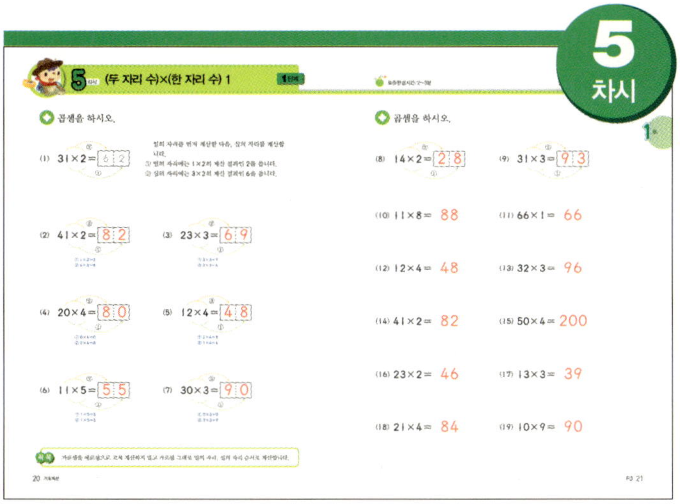

20~21쪽

가로셈을 세로셈으로 고쳐 계산하지 말고 가로셈 그대로 일의 자리, 십의 자리 순서로 계산합니다.

정답 및 지도서 F3

6 차시

6차시 (두 자리 수)×(한 자리 수) 1

곱셈을 하시오.

(1) 22×4= 88 (2) 14×2= 28
(3) 21×3= 63 (4) 29×1= 29
(5) 43×2= 86 (6) 22×3= 66
(7) 24×2= 48 (8) 40×7= 280
(9) 50×6= 300 (10) 23×3= 69
(11) 44×2= 88 (12) 33×3= 99
(13) 12×4= 48 (14) 11×7= 77
(15) 78×1= 78 (16) 31×3= 93

곱셈을 하시오.

(17) 50×6= 300 (18) 23×3= 69
(19) 43×2= 86 (20) 70×3= 210
(21) 22×3= 66 (22) 24×2= 48
(23) 86×1= 86 (24) 20×8= 160
(25) 31×3= 93 (26) 21×3= 63
(27) 32×3= 96 (28) 48×1= 48
(29) 44×2= 88 (30) 22×4= 88
(31) 33×3= 99 (32) 14×2= 28

22~23쪽

세로셈으로 고쳐서 계산하지 않고 답을 바로 쓸 수 있도록 충분히 익힙니다.

7 차시

7차시 (두 자리 수)×(한 자리 수) 1

가로셈을 세로셈으로 고쳐 계산하시오.

(1) 14×2 = 28 (2) 23×3 = 69 (3) 11×8 = 88
(4) 32×2 = 64 (5) 21×4 = 84 (6) 31×3 = 93
(7) 22×4 = 88 (8) 49×1 = 49 (9) 60×9 = 540

가로셈을 세로셈으로 고쳐 계산하시오.

(10) 42×2 = 84 (11) 31×3 = 93 (12) 34×2 = 68
(13) 56×1 = 56 (14) 30×8 = 240 (15) 12×4 = 48
(16) 22×3 = 66 (17) 11×7 = 77 (18) 13×2 = 26
(19) 70×6 = 420 (20) 12×3 = 36 (21) 43×2 = 86

24~25쪽

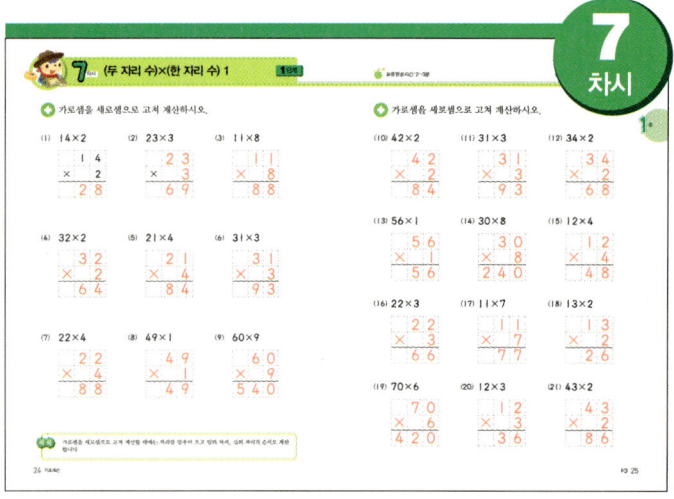

가로셈을 세로셈으로 고쳐 계산할 때에는 자리를 맞추어 쓰고 일의 자리, 십의 자리의 순서로 계산합니다.

8 차시

8차시 (두 자리 수)×(한 자리 수) 1

가로셈을 세로셈으로 고쳐 계산하시오.

(1) 40×8 = 320 (2) 14×2 = 28 (3) 11×9 = 99
(4) 23×3 = 69 (5) 43×2 = 86 (6) 34×2 = 68
(7) 12×4 = 48 (8) 32×3 = 96 (9) 55×1 = 55
(10) 70×5 = 350 (11) 21×4 = 84 (12) 86×1 = 86

가로셈을 세로셈으로 고쳐 계산하시오.

(13) 43×2 = 86 (14) 58×1 = 58 (15) 24×2 = 48
(16) 32×3 = 96 (17) 12×4 = 48 (18) 75×1 = 75
(19) 23×3 = 69 (20) 10×7 = 70 (21) 21×4 = 84
(22) 33×3 = 99 (23) 12×3 = 36 (24) 40×6 = 240

26~27쪽

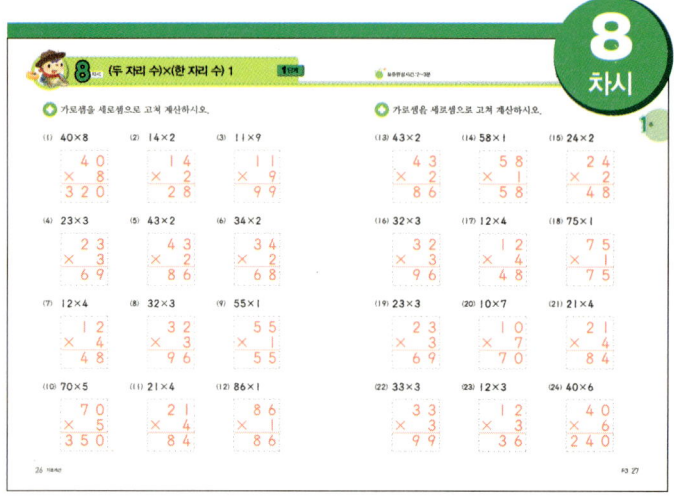

보조선 없이 가로셈을 세로셈으로 고쳐 쓸 수 있으며 계산 순서에 유의하여 바르게 계산합니다.

9 차시

9차시 (두 자리 수)×(한 자리 수) 1 2단계

빈칸에 알맞은 수를 써넣으시오.

×	11	22	21	12	50
3	33	66	63	36	150
4	44	88	84	48	200

×	32	60	13	23	31
2	64	120	26	46	62
3	96	180	39	69	93

빈칸에 알맞은 수를 써넣으시오.

×	43	24	33	12	90
2	86	48	66	24	180
×	60	10	50	11	30
5	300	50	250	55	150
×	12	21	70	22	11
4	48	84	280	88	44
×	33	13	90	21	22
3	99	39	270	63	66

28 ~ 29쪽

가로의 수에 세로의 수를 곱하여 계산하며 이때, 세로의 수를 가로의 수의 일의 자리, 십의 자리 순서로 곱하여 자릿수에 맞게 곱을 쓰도록 합니다.

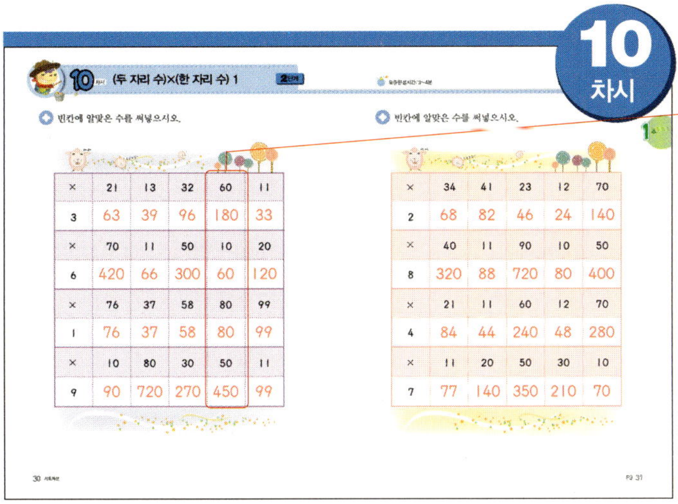

10 차시

10차시 (두 자리 수)×(한 자리 수) 1 2단계

빈칸에 알맞은 수를 써넣으시오.

×	21	13	32	60	11
3	63	39	96	180	33
×	70	11	50	10	20
6	420	66	300	60	120
×	76	37	58	80	99
1	76	37	58	80	99
×	10	80	30	50	11
9	90	720	270	450	99

빈칸에 알맞은 수를 써넣으시오.

×	34	41	23	12	70
2	68	82	46	24	140
×	40	11	90	10	50
8	320	88	720	80	400
×	21	11	60	12	70
4	84	44	240	48	280
×	11	20	50	30	10
7	77	140	350	210	70

30 ~ 31쪽

몇십과 몇의 곱은 몇과 몇의 곱에 0을 한 개 붙인 것과 같습니다.

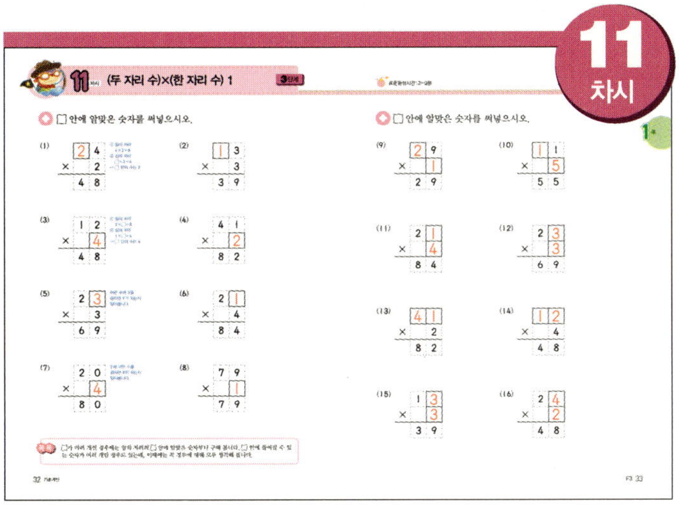

11 차시

11차시 (두 자리 수)×(한 자리 수) 1 3단계

□ 안에 알맞은 숫자를 써넣으시오.

(1) 24 × 2 = 48
(2) 13 × 3 = 39
(3) 12 × 4 = 48
(4) 41 × 2 = 82
(5) 23 × 3 = 69
(6) 21 × 4 = 84
(7) 20 × 4 = 80
(8) 79 × 1 = 79

□ 안에 알맞은 숫자를 써넣으시오.

(9) 29 × 1 = 29
(10) 11 × 5 = 55
(11) 21 × 4 = 84
(12) 23 × 3 = 69
(13) 41 × 2 = 82
(14) 12 × 4 = 48
(15) 13 × 3 = 39
(16) 24 × 2 = 48

32 ~ 33쪽

□가 여러 개인 경우에는 일의 자리 □ 안에 알맞은 숫자부터 구해 봅니다. □ 안에 들어갈 수 있는 숫자가 여러 개인 경우도 있는데, 이때에는 각 경우에 대해 모두 생각해 봅니다.

12 차시

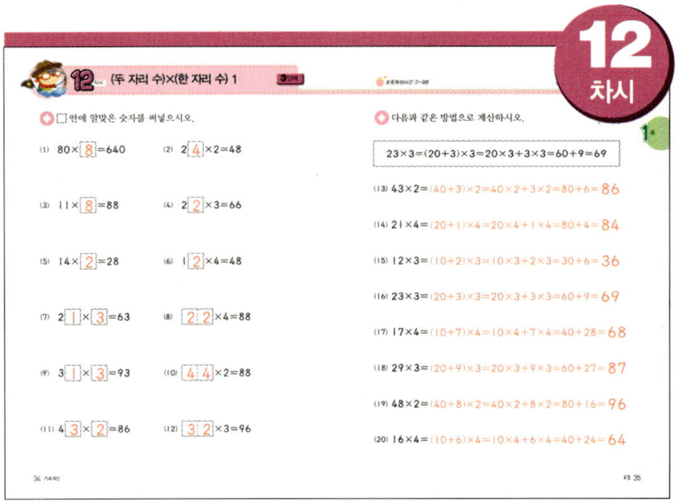

12차시 (두 자리 수)×(한 자리 수) 1

□ 안에 알맞은 숫자를 써넣으시오.

(1) 80×8=640
(2) 24×2=48
(3) 11×8=88
(4) 22×3=66
(5) 14×2=28
(6) 12×4=48
(7) 21×3=63
(8) 22×4=88
(9) 31×3=93
(10) 44×2=88
(11) 43×2=86
(12) 32×3=96

다음과 같은 방법으로 계산하시오.

23×3=(20+3)×3=20×3+3×3=60+9=69

(13) 43×2=(40+3)×2=40×2+3×2=80+6=86
(14) 21×4=(20+1)×4=20×4+1×4=80+4=84
(15) 12×3=(10+2)×3=10×3+2×3=30+6=36
(16) 23×3=(20+3)×3=20×3+3×3=60+9=69
(17) 17×4=(10+7)×4=10×4+7×4=40+28=68
(18) 29×3=(20+9)×3=20×3+9×3=60+27=87
(19) 48×2=(40+8)×2=40×2+8×2=80+16=96
(20) 16×4=(10+6)×4=10×4+6×4=40+24=64

34 기초계산 F3 35

34~35쪽

세로셈으로 고치지 않고 계산 순서를 생각하며 □ 안에 알맞은 수를 구할 수 있습니다.

정답 및 지도서 F3

2주 (두 자리 수)×(한 자리 수) 2

지도 방법

1. 십의 자리에서 받아올림이 있는 (두 자리 수)×(한 자리 수)의 계산입니다. 십의 자리에서 올림한 수를 어떻게 써서 계산해야 하는지 잘 익혀두도록 합니다.
2. 받아올림이 있는 두 수의 곱셈이므로 일의 자리부터 계산하도록 지도하고, 세로셈에서의 자릿수를 정확히 이해하고 있는지 점검합니다.
3. 계산이 어렵지 않으므로 바로 답을 쓸 수 있도록 하고, 가로셈을 어려워하는 학생들은 한시적으로 세로셈으로 고쳐 계산할 수 있게 하나 숙달되면 가로셈에도 적응하게 지도합니다.
4. 주저하지 않고 바로 답을 쓸 수 있는 정도의 성취도를 요합니다.

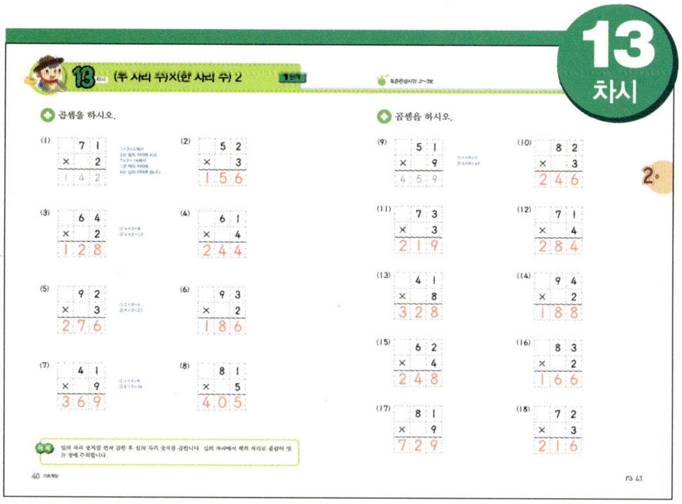
13차시 (두 자리 수)×(한 자리 수) 2

곱셈을 하시오.

(1) 71×2=142 (2) 52×3=156 (3) 64×2=128 (4) 61×4=244 (5) 92×3=276 (6) 93×2=186 (7) 41×9=369 (8) 81×5=405 (9) 51×9=459 (10) 82×3=246 (11) 73×3=219 (12) 71×4=284 (13) 41×8=328 (14) 94×2=188 (15) 62×4=248 (16) 83×2=166 (17) 81×9=729 (18) 72×3=216

13 차시

40~41쪽

일의 자리 숫자를 먼저 곱한 후 십의 자리 숫자를 곱합니다. 십의 자리에서 백의 자리로 올림이 있는 것에 주의합니다.

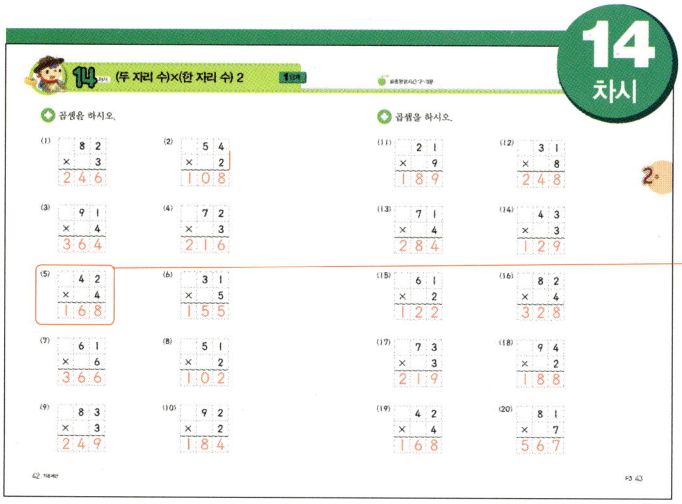
14차시 (두 자리 수)×(한 자리 수) 2

곱셈을 하시오.

(1) 82×3=246 (2) 54×2=108 (3) 91×4=364 (4) 72×3=216 (5) 42×4=168 (6) 31×5=155 (7) 61×6=366 (8) 51×2=102 (9) 83×3=249 (10) 92×2=184 (11) 21×9=189 (12) 31×8=248 (13) 71×4=284 (14) 43×3=129 (15) 61×2=122 (16) 82×4=328 (17) 73×3=219 (18) 94×2=188 (19) 42×4=168 (20) 81×7=567

14 차시

42~43쪽

42의 일의 자리 숫자 2와 4를 곱한 8을 일의 자리에, 42의 십의 자리 숫자 4와 4를 곱한 16에서 6은 십의 자리, 1은 백의 자리에 씁니다.

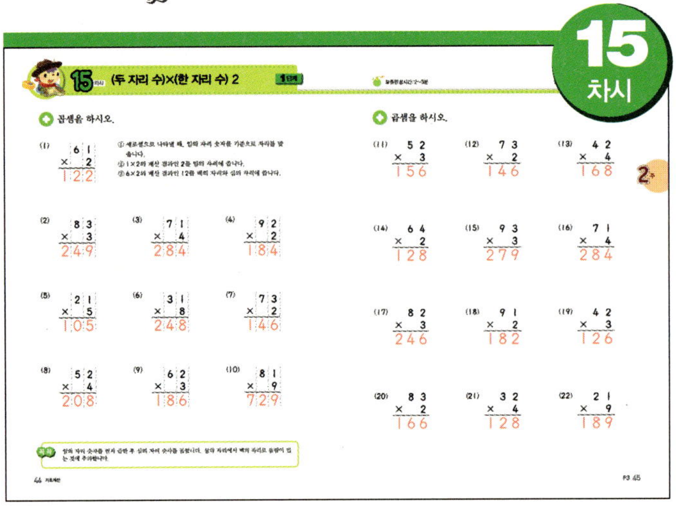
15차시 (두 자리 수)×(한 자리 수) 2

곱셈을 하시오.

(1) 61×2=122 (2) 83×3=249 (3) 71×4=284 (4) 92×2=184 (5) 21×5=105 (6) 31×8=248 (7) 73×2=146 (8) 52×4=208 (9) 62×3=186 (10) 81×9=729

(11) 52×3=156 (12) 73×2=146 (13) 42×4=168 (14) 64×2=128 (15) 93×3=279 (16) 71×4=284 (17) 82×3=246 (18) 91×2=182 (19) 42×3=126 (20) 83×2=166 (21) 32×4=128 (22) 21×9=189

44~45쪽

일의 자리 숫자를 먼저 곱한 후 십의 자리 숫자를 곱합니다. 십의 자리에서 백의 자리로 올림이 있는 것에 주의합니다.

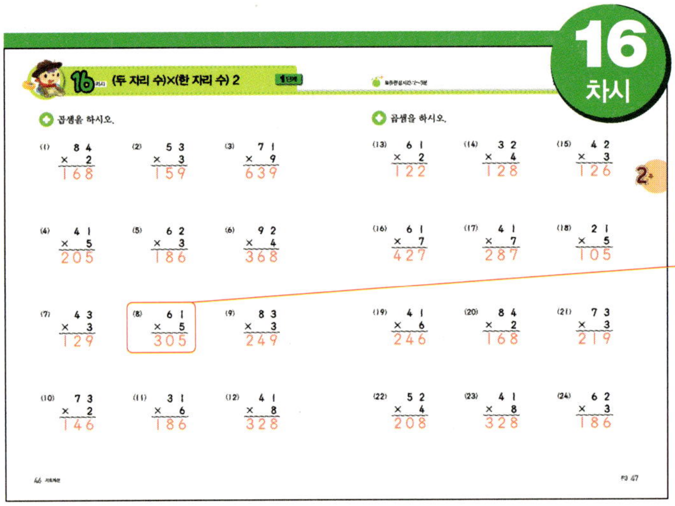
16차시 (두 자리 수)×(한 자리 수) 2

곱셈을 하시오.

(1) 84×2=168 (2) 53×3=159 (3) 71×9=639 (4) 41×5=205 (5) 62×3=186 (6) 92×4=368 (7) 43×3=129 (8) 61×5=305 (9) 83×3=249 (10) 73×2=146 (11) 31×6=186 (12) 41×8=328

(13) 61×2=122 (14) 32×4=128 (15) 42×3=126 (16) 61×7=427 (17) 41×7=287 (18) 21×5=105 (19) 41×6=246 (20) 84×2=168 (21) 73×3=219 (22) 52×4=208 (23) 41×8=328 (24) 62×3=186

46~47쪽

일의 자리, 십의 자리의 순서로 계산합니다. 이때, 구한 곱에 0이 있는 경우가 있습니다. 주어진 답과 같이 305를 35로 쓰지 않도록 주의합니다.

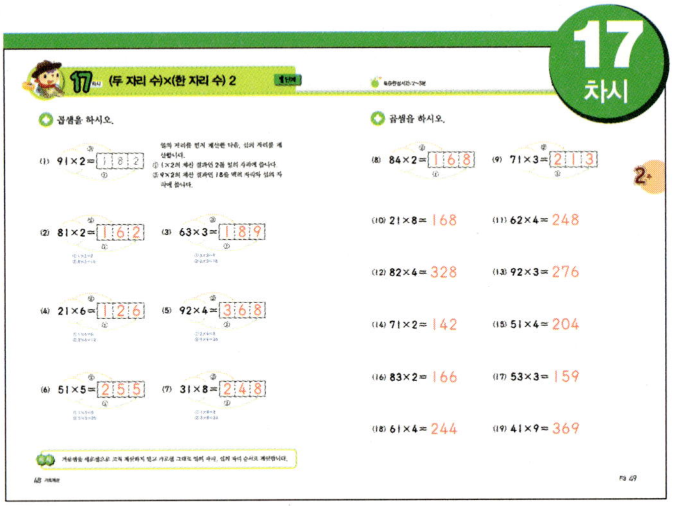
17차시 (두 자리 수)×(한 자리 수) 2

곱셈을 하시오.

(1) 91×2=182 (2) 81×2=162 (3) 63×3=189 (4) 21×6=126 (5) 92×4=368 (6) 51×5=255 (7) 31×8=248

(8) 84×2=168 (9) 71×3=213 (10) 21×8=168 (11) 62×4=248 (12) 82×4=328 (13) 92×3=276 (14) 71×2=142 (15) 51×4=204 (16) 83×2=166 (17) 53×3=159 (18) 61×4=244 (19) 41×9=369

48~49쪽

가로셈을 세로셈으로 고쳐 계산하지 말고 가로셈 그대로 일의 자리, 십의 자리 순서로 계산합니다. 곱을 쓸 때에는 자릿수에 유의하여 쓰도록 지도합니다.

18차시

18차시 (두 자리 수)×(한 자리 수) 2 (1단계)

곱셈을 하시오.

(1) 52×4= 208　(2) 74×2= 148
(3) 41×3= 123　(4) 92×3= 276
(5) 83×2= 166　(6) 62×3= 186
(7) 94×2= 188　(8) 41×7= 287
(9) 51×6= 306　(10) 43×3= 129
(11) 84×2= 168　(12) 73×3= 219
(13) 42×4= 168　(14) 21×7= 147
(15) 71×8= 568　(16) 61×3= 183

곱셈을 하시오.

(17) 51×6= 306　(18) 73×3= 219
(19) 83×2= 166　(20) 82×3= 246
(21) 62×3= 186　(22) 94×2= 188
(23) 81×6= 486　(24) 21×8= 168
(25) 93×3= 279　(26) 81×3= 243
(27) 52×3= 156　(28) 84×2= 168
(29) 74×2= 148　(30) 32×4= 128
(31) 63×3= 189　(32) 64×2= 128

50~51쪽

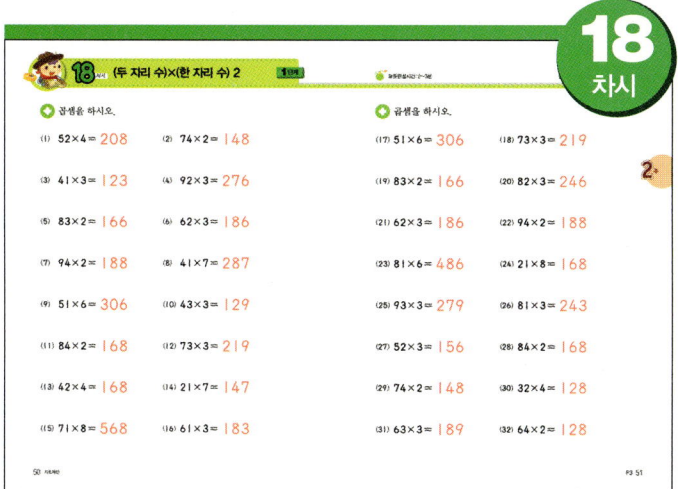

가로셈을 세로셈으로 고치지 않고 그대로 계산하여 답을 바로 적을 수 있도록 노력합니다.

19차시

19차시 (두 자리 수)×(한 자리 수) 2 (1단계)

가로셈을 세로셈으로 고쳐 계산하시오.

(1) 74×2 → 148　(2) 53×3 → 159　(3) 31×8 → 248
(4) 82×2 → 164　(5) 61×4 → 244　(6) 91×3 → 273
(7) 52×4 → 208　(8) 94×2 → 188　(9) 61×9 → 549

가로셈을 세로셈으로 고쳐 계산하시오.

(10) 42×4 → 168　(11) 51×3 → 153　(12) 84×2 → 168
(13) 64×2 → 128　(14) 31×8 → 248　(15) 92×4 → 368
(16) 72×3 → 216　(17) 31×7 → 217　(18) 53×2 → 106
(19) 71×6 → 426　(20) 62×3 → 186　(21) 93×2 → 186

52~53쪽

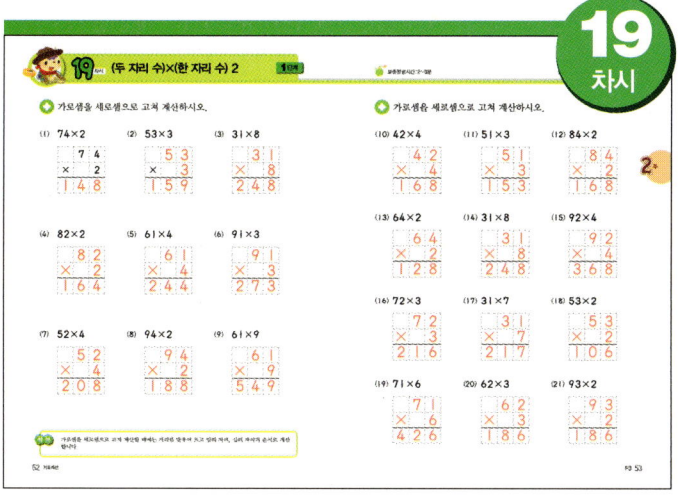

가로셈을 세로셈으로 고쳐 계산할 때에는 자리를 맞추어 쓰고 일의 자리, 십의 자리의 순서로 계산합니다.

20차시

20차시 (두 자리 수)×(한 자리 수) 2 (1단계)

가로셈을 세로셈으로 고쳐 계산하시오.

(1) 41×8 → 328　(2) 64×2 → 128　(3) 91×9 → 819
(4) 53×3 → 159　(5) 73×2 → 146　(6) 84×2 → 168
(7) 62×4 → 248　(8) 82×3 → 246　(9) 54×2 → 108

가로셈을 세로셈으로 고쳐 계산하시오.

(10) 83×2 → 166　(11) 72×2 → 144　(12) 64×2 → 128
(13) 82×3 → 246　(14) 92×4 → 368　(15) 74×2 → 148
(16) 93×3 → 279　(17) 51×7 → 357　(18) 61×4 → 244
(19) 83×3 → 249　(20) 92×3 → 276　(21) 41×6 → 246

54~55쪽

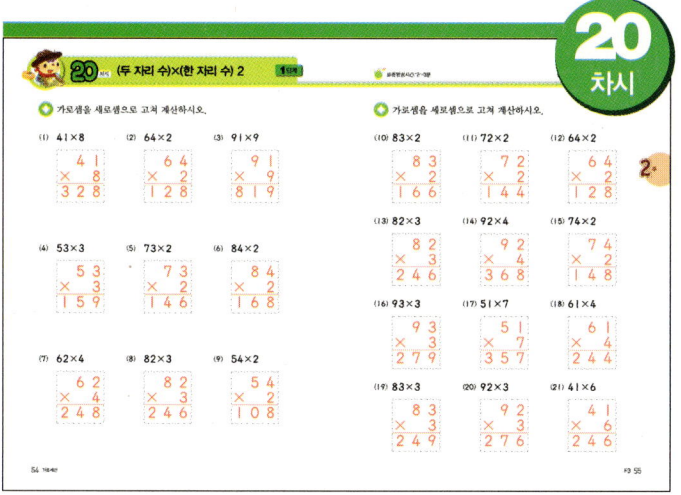

앞에서 충분히 연습하였으므로 주어진 가로셈을 잘 맞추어 세로셈으로 쓴 후 올림에 주의하여 곱을 쓰도록 합니다.

정답 및 지도서 F3

21 차시

(두 자리 수)×(한 자리 수) 2

빈칸에 알맞은 수를 써넣으시오.

×	71	81	91	51	60
3	213	243	273	153	180
4	284	324	364	204	240
2	142	162	182	102	120
5	355	405	455	255	300
7	497	567	637	357	420
6	426	486	546	306	360

빈칸에 알맞은 수를 써넣으시오.

×	41	21	30	51	91
2	82	42	60	102	182
6	246	126	180	306	546
5	205	105	150	255	455
4	164	84	120	204	364
3	123	63	90	153	273
8	328	168	240	408	728
7	287	147	210	357	637

56~57쪽

가로의 수와 세로의 수의 곱을 빈칸에 써넣습니다. 따로 식을 세우지 않고 바로 답을 쓸 수 있도록 합니다.

22 차시

(두 자리 수)×(한 자리 수) 2

빈칸에 알맞은 수를 써넣으시오.

×	50	31	40	61	71
8	400	248	320	488	568
3	150	93	120	183	213
6	300	186	240	366	426
5	250	155	200	305	355
9	450	279	360	549	639
2	100	62	80	122	142
4	200	124	160	244	284

빈칸에 알맞은 수를 써넣으시오.

×	81	41	20	11	70
8	648	328	160	88	560
2	162	82	40	22	140
7	567	287	140	77	490
5	405	205	100	55	350
4	324	164	80	44	280
3	243	123	60	33	210
6	486	246	120	66	420

58~59쪽

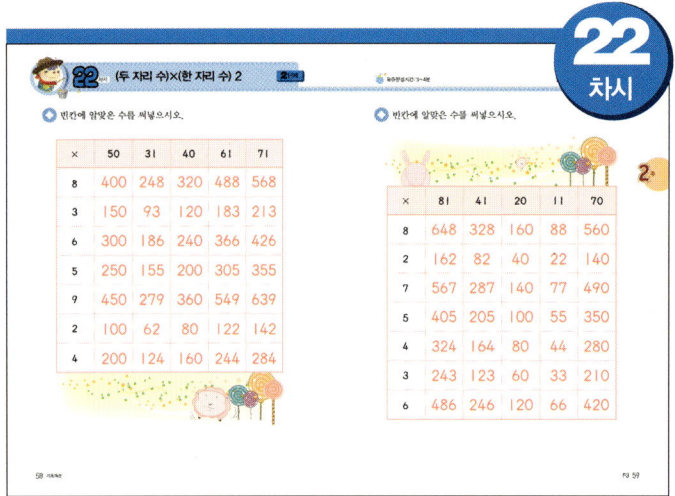

가로의 수의 일의 자리, 십의 자리 숫자에 세로의 수를 차례로 곱합니다. 따로 식을 써서 답을 구하지 않습니다.

23 차시

(두 자리 수)×(한 자리 수) 2

□ 안에 알맞은 숫자를 써넣으시오.

(1) [7]4 × 2 = 148
(2) [9]3 × 3 = 279
(3) 42 × [4] = 168
(4) 81 × [2] = 162
(5) 7[3] × 3 = 219
(6) 5[1] × 4 = 204
(7) 62 × [4] = 248
(8) 74 × [2] = 148

□ 안에 알맞은 숫자를 써넣으시오.

(9) [9]2 × [3] = 276
(10) [9]1 × [5] = 455
(11) 9[1] × [4] = 364
(12) 4[1] × [6] = 246
(13) [7][1] × 2 = 142
(14) [5][2] × 4 = 208
(15) 4[3] × [3] = 129
(16) 8[4] × [2] = 168

60~61쪽

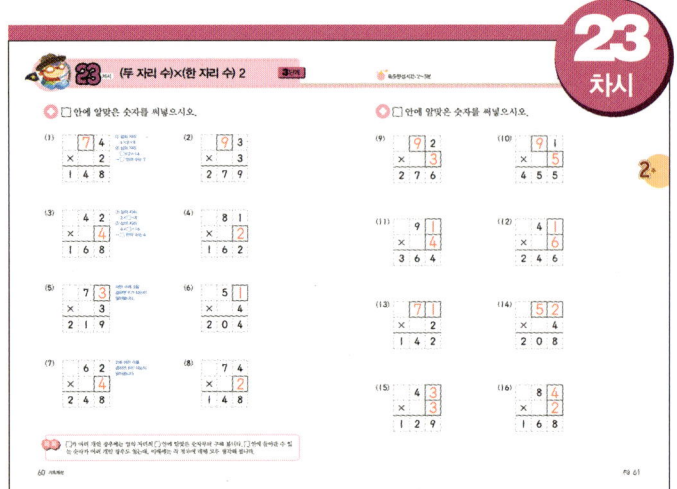

□가 여러 개인 경우에는 일의 자리 □ 안에 알맞은 숫자부터 구해 봅니다. □ 안에 들어갈 수 있는 숫자가 여러 개인 경우도 있는데, 이때에는 각 경우에 대해 모두 생각해 봅니다.

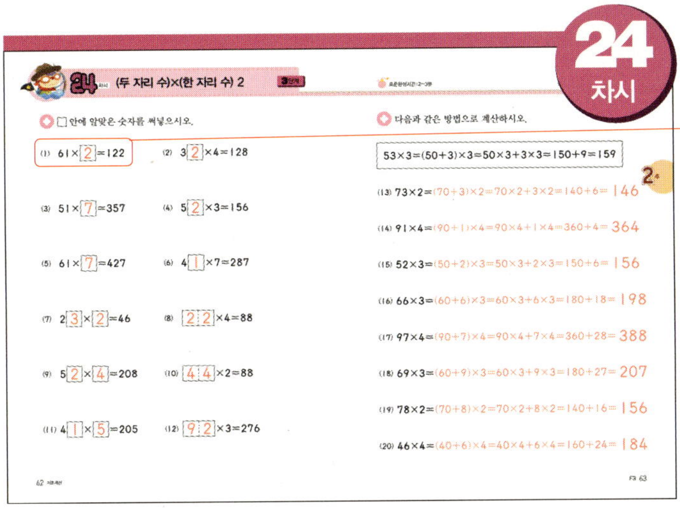

24 차시

24 (두 자리 수)×(한 자리 수) 2

□ 안에 알맞은 숫자를 써넣으시오.

(1) $61\times\boxed{2}=122$　(2) $3\boxed{2}\times4=128$

(3) $51\times\boxed{7}=357$　(4) $5\boxed{2}\times3=156$

(5) $61\times\boxed{7}=427$　(6) $4\boxed{1}\times7=287$

(7) $2\boxed{3}\times\boxed{2}=46$　(8) $\boxed{2}\boxed{2}\times4=88$

(9) $5\boxed{2}\times\boxed{4}=208$　(10) $\boxed{4}\boxed{4}\times2=88$

(11) $4\boxed{1}\times\boxed{5}=205$　(12) $\boxed{9}\boxed{2}\times3=276$

다음과 같은 방법으로 계산하시오.

$53\times3=(50+3)\times3=50\times3+3\times3=150+9=159$

(13) $73\times2=(70+3)\times2=70\times2+3\times2=140+6=146$

(14) $91\times4=(90+1)\times4=90\times4+1\times4=360+4=364$

(15) $52\times3=(50+2)\times3=50\times3+2\times3=150+6=156$

(16) $66\times3=(60+6)\times3=60\times3+6\times3=180+18=198$

(17) $97\times4=(90+7)\times4=90\times4+7\times4=360+28=388$

(18) $69\times3=(60+9)\times3=60\times3+9\times3=180+27=207$

(19) $78\times2=(70+8)\times2=70\times2+8\times2=140+16=156$

(20) $46\times4=(40+6)\times4=40\times4+6\times4=160+24=184$

62　　　F3 63

62~63쪽

$1\times\square$의 일의 자리 숫자는 2이므로 □ 안에 알맞은 수는 2입니다. 만약 □ 안에 알맞은 수가 여러 개인 경우 $6\times\square$를 고려하여 답을 구합니다.

체크 포인트

1. 잘 이해하고 있는 부분, 이해가 더딘 부분, 취약한 부분을 세밀히 체크하여 도움을 줄 수 있도록 하고, 아이의 상황에 맞는 지도를 해 주세요.
2. 매일매일 하루의 학습 분량을 체크한 다음, 잘 소화하고 있는지를 살펴 적절히 탄력적으로 학습량을 조절합니다.
3. 이 단계를 주저함 없이 능숙하게 소화한다고 생각하면 다음 단계로 이동합니다. 이해가 부족한 상태에서의 이동은 아이에게 혼동을 줄 수 있으니 주의합니다.

정답 및 지도서 F3

3주 (두 자리 수)×(한 자리 수) 3

지도 방법

1. 일의 자리의 계산에서 올림이 있는 (두 자리 수)×(한 자리 수)의 계산입니다. 일의 자리에서 올림한 수는 어떻게 계산해야 하는지 강조합니다.
2. 처음에는 올림한 수를 작게 써서 실수하지 않게 하다가 점차 올림한 수를 쓰지 않고 계산하도록 지도합니다. 단계가 완성될 때에는 주저하지 않고 답을 바로 쓸 수 있어야 합니다.
3. 본 단계에 들어가기 전 앞 단계를 충분히 학습하였는지 확인해 보도록 합니다.

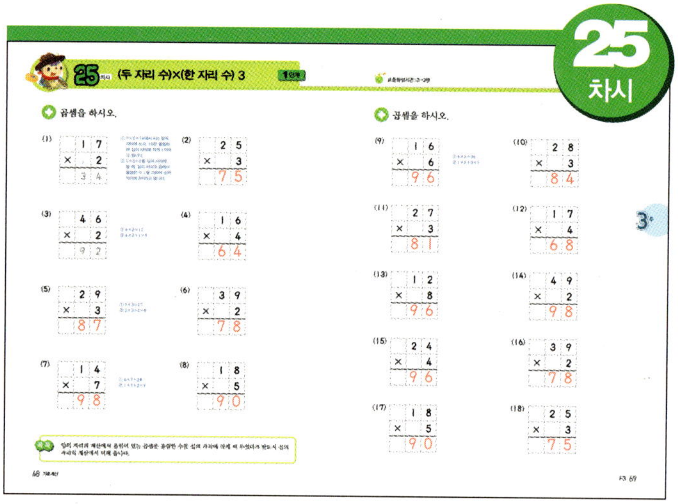

68~69쪽

일의 자리의 계산에서 올림이 있는 곱셈은 올림한 수를 십의 자리에 작게 써 두었다가 반드시 십의 자리의 계산에 더해 줍니다.

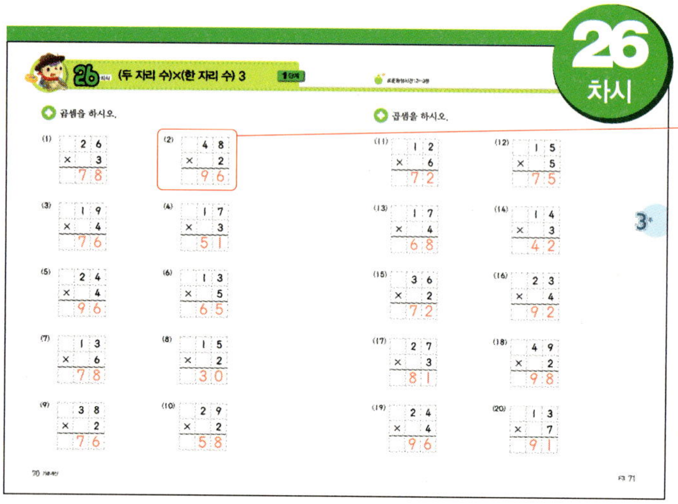

70~71쪽

8×2=16이므로 6을 일의 자리에 쓰고, 1은 십의 자리로 올림하여 4×2=8에 더하여 십의 자리에 9를 씁니다.

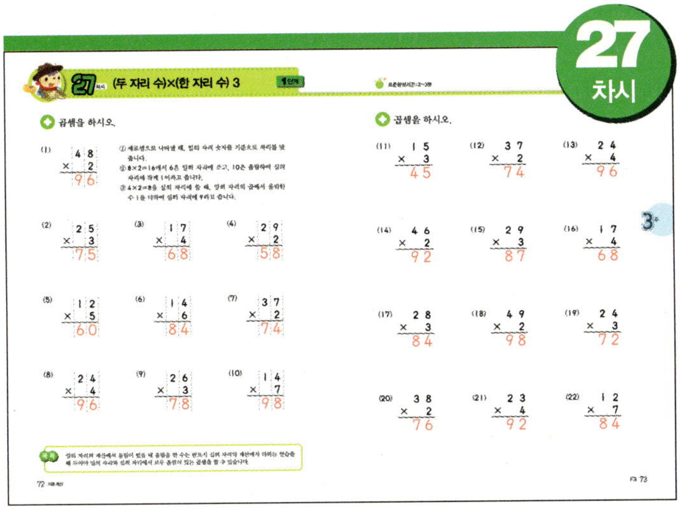

27 차시 (두 자리 수)×(한 자리 수) 3

곱셈을 하시오.

(1) 48×2=96 (2) 25×3=75 (3) 17×4=68 (4) 29×2=58 (5) 12×5=60 (6) 14×6=84 (7) 37×2=74 (8) 24×4=96 (9) 26×3=78 (10) 14×7=98

(11) 15×3=45 (12) 37×2=74 (13) 24×4=96 (14) 46×2=92 (15) 29×3=87 (16) 17×4=68 (17) 28×3=84 (18) 49×2=98 (19) 24×3=72 (20) 38×2=76 (21) 23×4=92 (22) 12×7=84

72~73쪽

일의 자리의 계산에서 올림이 있을 때 올림을 한 수는 반드시 십의 자리의 계산에서 더하는 연습을 해 두어야 일의 자리와 십의 자리에서 모두 올림이 있는 곱셈을 할 수 있습니다.

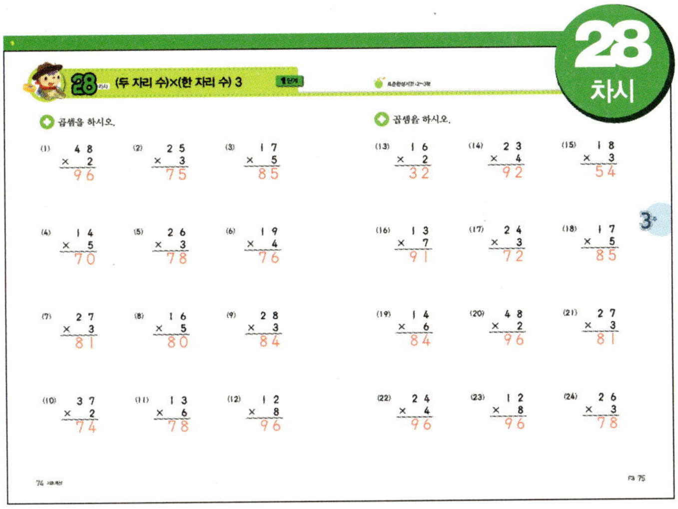

28 차시 (두 자리 수)×(한 자리 수) 3

곱셈을 하시오.

(1) 48×2=96 (2) 25×3=75 (3) 17×5=85 (4) 14×5=70 (5) 26×3=78 (6) 19×4=76 (7) 27×3=81 (8) 16×5=80 (9) 28×3=84 (10) 37×2=74 (11) 13×6=78 (12) 12×8=96

(13) 16×2=32 (14) 23×4=92 (15) 18×3=54 (16) 13×7=91 (17) 24×3=72 (18) 17×5=85 (19) 14×6=84 (20) 48×2=96 (21) 27×3=81 (22) 24×4=96 (23) 12×8=96 (24) 26×3=78

74~75쪽

일의 자리의 계산에서 올림한 수를 잊지 않고 계산합니다.

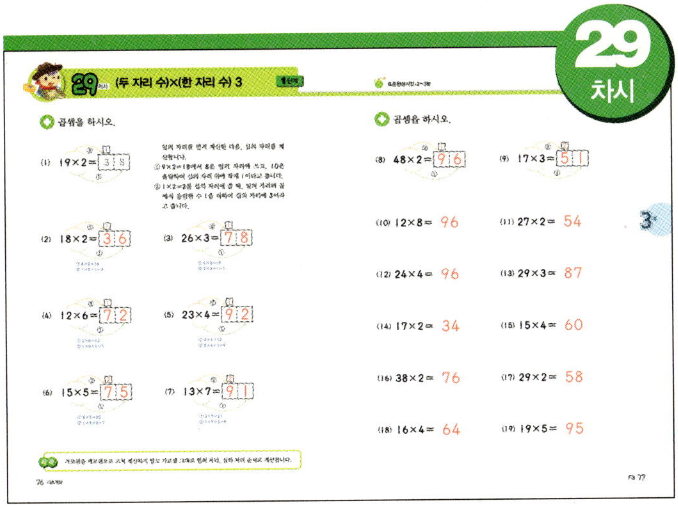

29 차시 (두 자리 수)×(한 자리 수) 3

곱셈을 하시오.

(1) 19×2=38 (2) 18×2=36 (3) 26×3=78 (4) 12×6=72 (5) 23×4=92 (6) 15×5=75 (7) 13×7=91

(8) 48×2=96 (9) 17×3=51 (10) 12×8=96 (11) 27×2=54 (12) 24×4=96 (13) 29×3=87 (14) 17×2=34 (15) 15×4=60 (16) 38×2=76 (17) 29×2=58 (18) 16×4=64 (19) 19×5=95

76~77쪽

가로셈을 세로셈으로 고쳐 계산하지 말고 가로셈 그대로 일의 자리, 십의 자리 순서로 계산합니다.

정답 및 지도서 F3

30차시

30차시 (두 자리 수)×(한 자리 수) 3

곱셈을 하시오.

(1) 23×4= 92
(2) 37×2= 74
(3) 14×3= 42
(4) 29×2= 58
(5) 38×2= 76
(6) 26×3= 78
(7) 49×2= 98
(8) 14×7= 98
(9) 15×6= 90
(10) 27×3= 81
(11) 48×2= 96
(12) 18×3= 54
(13) 19×4= 76
(14) 12×7= 84
(15) 12×8= 96
(16) 16×3= 48

곱셈을 하시오.

(17) 15×6= 90
(18) 27×3= 81
(19) 38×2= 76
(20) 28×3= 84
(21) 26×3= 78
(22) 49×2= 98
(23) 14×6= 84
(24) 12×7= 84
(25) 29×3= 87
(26) 18×3= 54
(27) 25×3= 75
(28) 48×2= 96
(29) 47×2= 94
(30) 23×4= 92
(31) 29×3= 87
(32) 36×2= 72

78~79쪽

가로셈을 세로셈으로 고쳐서 계산하지 않습니다. 올림한 수는 빈 곳에 작게 써 두어 계산하다가 숙달되면 바로 답을 적도록 합니다.

31차시

31차시 (두 자리 수)×(한 자리 수) 3

가로셈을 세로셈으로 고쳐 계산하시오.

(1) 47×2 → 94
(2) 25×3 → 75
(3) 12×5 → 60
(4) 28×2 → 56
(5) 16×4 → 64
(6) 19×3 → 57
(7) 24×4 → 96
(8) 49×2 → 98
(9) 16×6 → 96

가로셈을 세로셈으로 고쳐 계산하시오.

(10) 23×4 → 92
(11) 15×3 → 45
(12) 48×2 → 96
(13) 46×2 → 92
(14) 12×7 → 84
(15) 19×4 → 76
(16) 27×3 → 81
(17) 13×7 → 91
(18) 35×2 → 70
(19) 15×6 → 90
(20) 26×3 → 78
(21) 39×2 → 78

80~81쪽

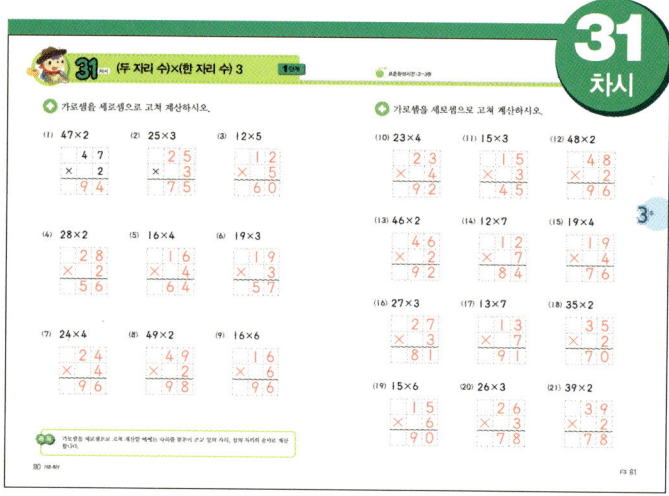

가로셈을 세로셈으로 고쳐 계산할 때에는 자리를 맞추어 쓰고 일의 자리, 십의 자리의 순서로 계산합니다.

32차시

32차시 (두 자리 수)×(한 자리 수) 3

가로셈을 세로셈으로 고쳐 계산하시오.

(1) 14×6 → 84
(2) 26×2 → 52
(3) 18×4 → 72
(4) 29×3 → 87
(5) 37×2 → 74
(6) 48×2 → 96
(7) 23×4 → 92
(8) 28×3 → 84
(9) 45×2 → 90

가로셈을 세로셈으로 고쳐 계산하시오.

(10) 39×2 → 78
(11) 27×2 → 54
(12) 46×2 → 92
(13) 17×3 → 51
(14) 19×4 → 76
(15) 47×2 → 94
(16) 29×3 → 87
(17) 13×7 → 91
(18) 16×4 → 64
(19) 18×3 → 54
(20) 26×3 → 78
(21) 14×6 → 84

82~83쪽

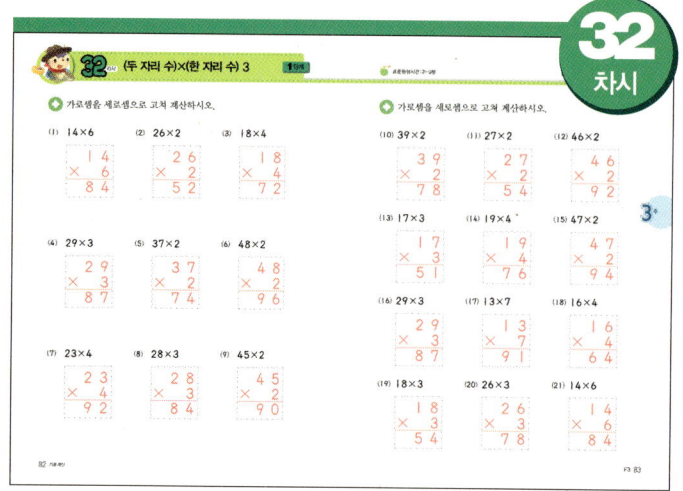

세로셈에서도 올림한 수를 표시하지 않고 바로 계산할 수 있도록 충분히 연습합니다.

33 차시 (두 자리 수)×(한 자리 수) 3

빈칸에 알맞은 수를 써넣으시오.

×	12	10	11	14	13
3	36	30	33	42	39
4	48	40	44	56	52
2	24	20	22	28	26
5	60	50	55	70	65
7	84	70	77	98	91
6	72	60	66	84	78

빈칸에 알맞은 수를 써넣으시오.

×	34	29	38	17	46
2	68	58	76	34	92
×	15	11	18	16	19
5	75	55	90	80	95
×	18	23	17	24	16
4	72	92	68	96	64
×	25	19	26	17	18
3	75	57	78	51	54

84~85쪽

가로의 수 12에 세로의 수 4를 곱하여 빈칸에 씁니다. 세로셈 등의 식을 따로 쓰지 않고 계산할 수 있도록 합니다.

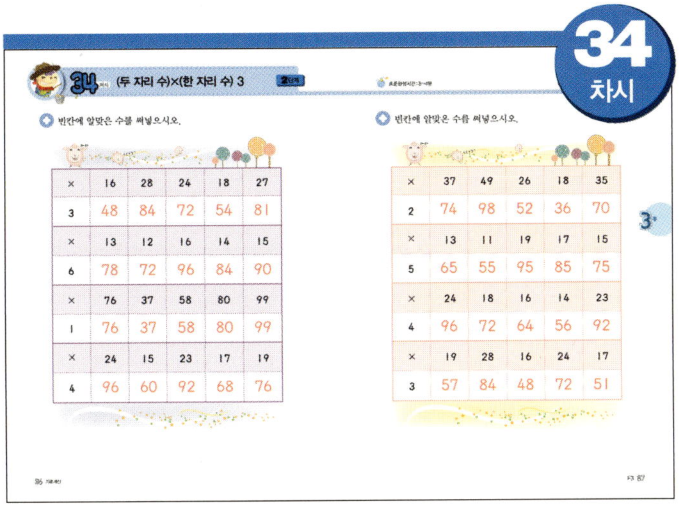

34 차시 (두 자리 수)×(한 자리 수) 3

빈칸에 알맞은 수를 써넣으시오.

×	16	28	24	18	27
3	48	84	72	54	81
×	13	12	16	14	15
6	78	72	96	84	90
×	76	37	58	80	99
1	76	37	58	80	99
×	24	15	23	17	19
4	96	60	92	68	76

빈칸에 알맞은 수를 써넣으시오.

×	37	49	26	18	35
2	74	98	52	36	70
×	13	11	19	17	15
5	65	55	95	85	75
×	24	18	16	14	23
4	96	72	64	56	92
×	19	28	16	24	17
3	57	84	48	72	51

86~87쪽

가로의 수와 세로의 수의 곱을 빈칸에 씁니다. 가능한 식을 따로 쓰지 않고 해결하도록 합니다.

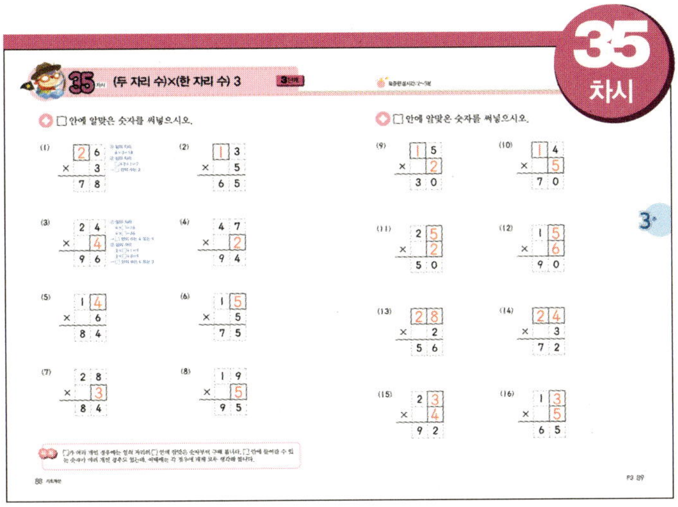

35 차시 (두 자리 수)×(한 자리 수) 3

□ 안에 알맞은 숫자를 써넣으시오.

(1) [2]6 × 3 = 78
(2) [1]3 × 5 = 65
(3) 24 × [4] = 96
(4) 47 × [2] = 94
(5) 1[4] × 6 = 84
(6) 1[5] × 5 = 75
(7) 28 × [3] = 84
(8) 19 × [5] = 95
(9) [1]5 × [2] = 30
(10) [1]4 × [5] = 70
(11) 2[5] × [2] = 50
(12) 1[5] × [6] = 90
(13) [2][8] × 2 = 56
(14) [2][4] × 3 = 72
(15) 2[3] × [4] = 92
(16) 1[3] × [5] = 65

88~89쪽

□가 여러 개인 경우에는 일의 자리 □ 안에 알맞은 숫자부터 구해 봅니다. □ 안에 들어갈 수 있는 숫자가 여러 개인 경우도 있는데, 이때에는 각 경우에 대해 모두 생각해 봅니다.

36 차시

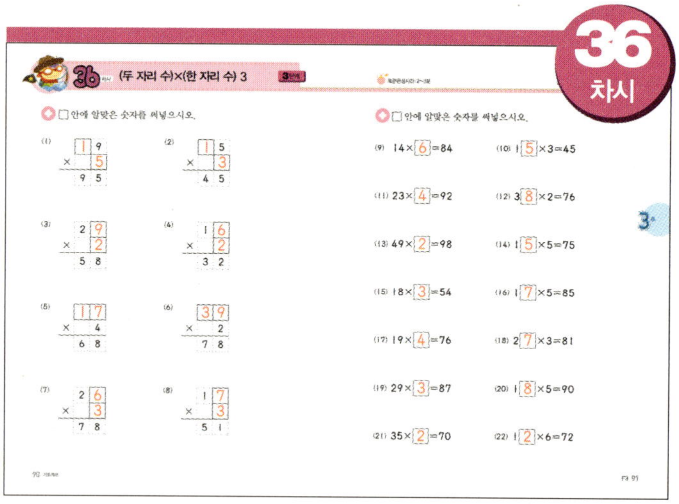
36차시 (두 자리 수)×(한 자리 수) 3

□ 안에 알맞은 숫자를 써넣으시오.

(1) 19 × 5 = 95
(2) 15 × 3 = 45
(3) 29 × 2 = 58
(4) 16 × 2 = 32
(5) 17 × 4 = 68
(6) 39 × 2 = 78
(7) 26 × 3 = 78
(8) 17 × 3 = 51

□ 안에 알맞은 숫자를 써넣으시오.

(9) 14×6=84
(10) 15×3=45
(11) 23×4=92
(12) 38×2=76
(13) 49×2=98
(14) 15×5=75
(15) 18×3=54
(16) 17×5=85
(17) 19×4=76
(18) 27×3=81
(19) 29×3=87
(20) 18×5=90
(21) 35×2=70
(22) 12×6=72

90 기초계산 / F3 91

90~91쪽

곱해지는 수와 곱의 일의 자리 숫자를 보고 □를 예상하고, 예상한 값을 넣어 계산하여 곱이 맞는지 확인하는 방법을 반복하여 답을 구합니다.

체크 포인트

❶ 각 단계는 계단형으로 발전된 연결 형태이므로 앞 단계의 학습이 충분하지 않으면 뒤의 단계도 학습하기 어렵습니다.

❷ 반복적인 계산은 학생들이 많이 지루해하는 학습이기도 합니다. 중간 중간 놀이를 통한 학습으로 주의를 환기시키는 것도 좋습니다.

❸ 학습에 대한 부담감을 가지고 있으면, 하루의 학습 분량을 체크한 다음, 아이가 원하는 분량부터 시작한 다음, 점점 늘려 나가 주세요.

❹ 처음에는 계산 원리의 이해에 중점을 두고, 계산이 어느 정도 익숙해지면 계산 속도와 정확성에 중점을 두어 지도합니다.

정답 및 지도서 F3

4주 (두 자리 수)×(한 자리 수) 4

지도 방법

❶ 받아올림이 2번 있는 (두 자리 수)×(한 자리 수)의 계산입니다. 받아올림이 한 번 있는 두 수의 곱셈을 충분히 이해하고 있지 않으면 단계를 진행하기 힘들므로 선행 학습이 철저히 이루어졌는지 먼저 점검하도록 합니다.

❷ 세로셈과 가로셈 모두 능숙히 해결할 수 있어야 합니다. 많은 문제를 접하게 하여 계산이 숙달되도록 지도합니다.

❸ 올림한 수를 쓰지 않고 계산 순서에 따라 바로 답을 적으면서 계산할 수 있도록 성취기준을 높게 정하여 지도합니다.

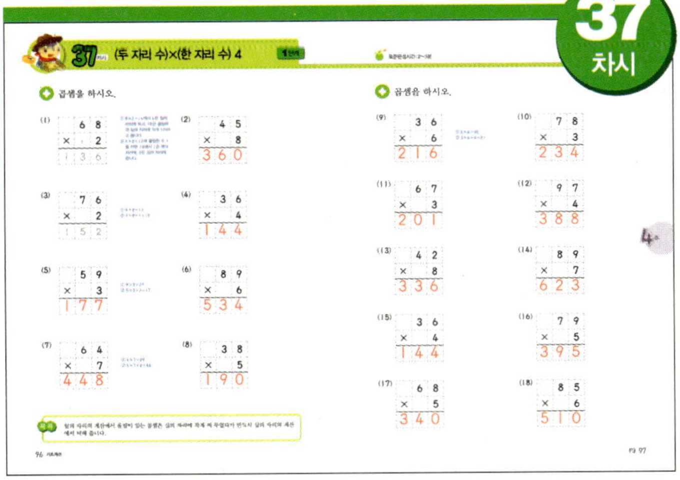

37 차시

37차시 (두 자리 수)×(한 자리 수) 4

곱셈을 하시오.

(1) 68 × 2 = 136
(2) 45 × 8 = 360
(3) 76 × 2 = 152
(4) 36 × 4 = 144
(5) 59 × 3 = 177
(6) 89 × 6 = 534
(7) 64 × 7 = 448
(8) 38 × 5 = 190

곱셈을 하시오.

(9) 36 × 6 = 216
(10) 78 × 3 = 234
(11) 67 × 3 = 201
(12) 97 × 4 = 388
(13) 42 × 8 = 336
(14) 89 × 7 = 623
(15) 36 × 4 = 144
(16) 79 × 5 = 395
(17) 68 × 5 = 340
(18) 85 × 6 = 510

96~97쪽

일의 자리의 계산에서 올림이 있는 곱셈은 십의 자리에 작게 써 두었다가 반드시 십의 자리의 계산에 더해 줍니다.

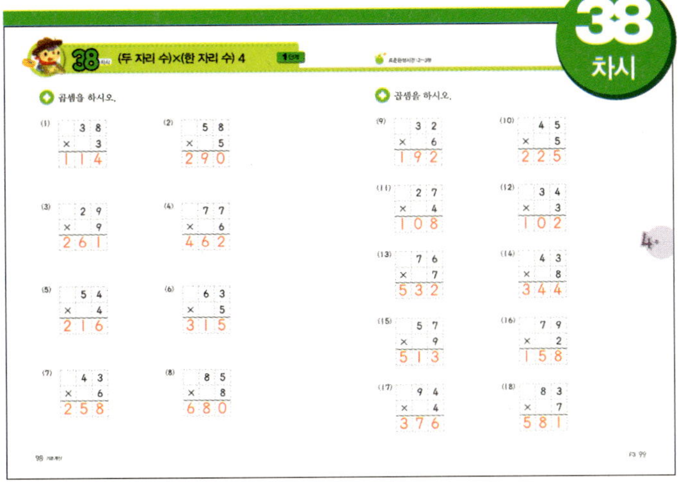

38 차시

38차시 (두 자리 수)×(한 자리 수) 4

곱셈을 하시오.

(1) 38 × 3 = 114
(2) 58 × 5 = 290
(3) 29 × 9 = 261
(4) 77 × 6 = 462
(5) 54 × 4 = 216
(6) 63 × 5 = 315
(7) 43 × 6 = 258
(8) 85 × 8 = 680

곱셈을 하시오.

(9) 32 × 6 = 192
(10) 45 × 5 = 225
(11) 27 × 4 = 108
(12) 34 × 3 = 102
(13) 76 × 7 = 532
(14) 43 × 8 = 344
(15) 57 × 9 = 513
(16) 79 × 2 = 158
(17) 94 × 4 = 376
(18) 83 × 7 = 581

98~99쪽

일의 자리부터 순서대로 계산하고, 일의 자리에서 올림한 수는 십의 자리의 곱에 더하고, 십의 자리의 계산에서 올림한 수는 백의 자리에 씁니다.

100~101쪽

일의 자리의 계산에서 올림이 있는 곱셈은 십의 자리에 작게 써 두었다가 반드시 십의 자리의 계산에서 더해 줍니다.

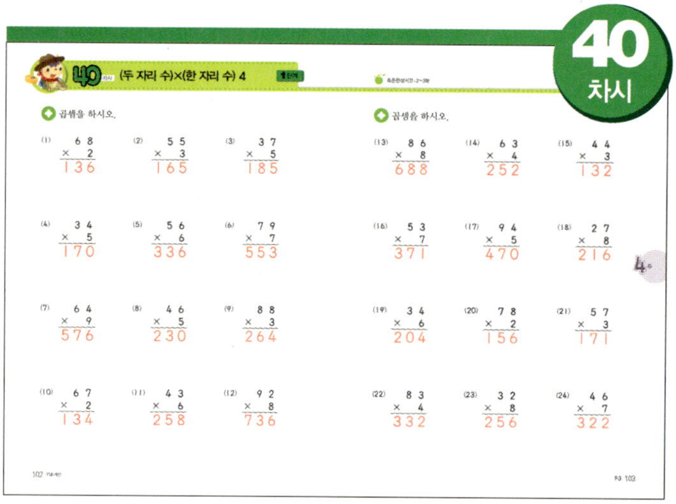

102~103쪽

보조선 없이 세로셈으로 계산한 곱을 자릿수에 맞게 쓸 수 있도록 연습합니다. 어려워하는 경우 올림한 수를 쓰면서 계산하게 합니다.

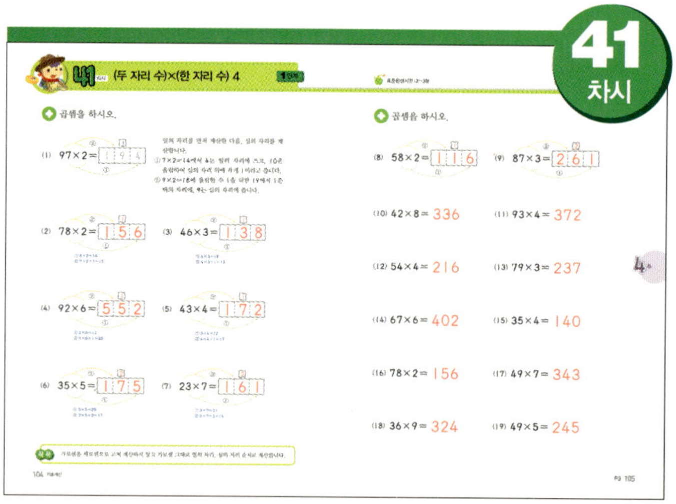

104~105쪽

가로셈을 세로셈으로 고쳐 계산하지 말고 가로셈 그대로 일의 자리, 십의 자리 순서로 계산합니다.

42 차시

42 (두 자리 수)×(한 자리 수) 4

곱셈을 하시오.

(1) 63×4=252	(2) 57×2=114	(17) 45×6=270	(18) 78×4=312
(3) 34×3=102	(4) 59×3=177	(19) 68×2=136	(20) 85×7=595
(5) 58×2=116	(6) 46×8=368	(21) 76×3=228	(22) 97×5=485
(7) 69×5=345	(8) 74×7=518	(23) 44×6=264	(24) 25×8=200
(9) 45×6=270	(10) 87×9=783	(25) 39×3=117	(26) 85×5=425
(11) 68×2=136	(12) 58×6=348	(27) 85×8=680	(28) 87×9=783
(13) 94×4=376	(14) 42×7=294	(29) 97×2=194	(30) 39×4=156
(15) 32×8=256	(16) 66×3=198	(31) 79×3=237	(32) 67×5=335

106 F3 107

106~107쪽

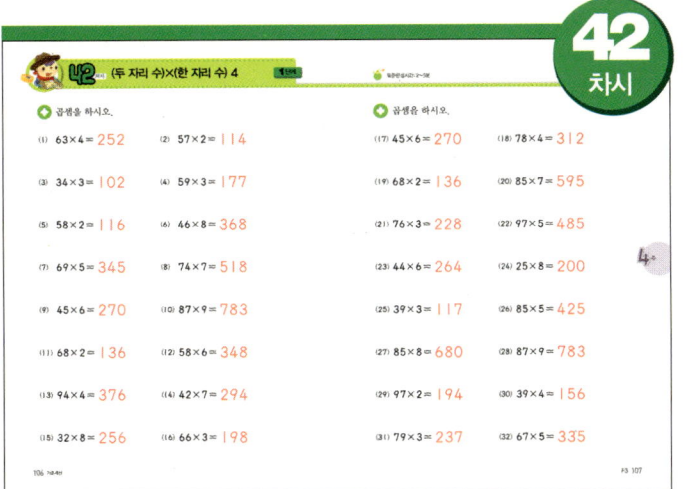

세로셈으로 고치지 않고 계산하도록 지도합니다. 계산한 답이 자주 틀리거나 어려워하는 경우에는 앞 단계를 다시 한번 차근차근 풀어 보도록 합니다.

43 차시

43 (두 자리 수)×(한 자리 수) 4

가로셈을 세로셈으로 고쳐 계산하시오.

(1) 67×2 → 134	(2) 45×3 → 135	(3) 72×8 → 576
(4) 58×7 → 406	(5) 66×4 → 264	(6) 89×9 → 801
(7) 34×4 → 136	(8) 79×5 → 395	(9) 96×6 → 576
(10) 34×4 → 136	(11) 75×3 → 225	(12) 68×7 → 476
(13) 86×5 → 430	(14) 32×8 → 256	(15) 79×6 → 474
(16) 97×3 → 291	(17) 33×7 → 231	(18) 85×8 → 680
(19) 35×6 → 210	(20) 76×9 → 684	(21) 89×4 → 356

108 F3 109

108~109쪽

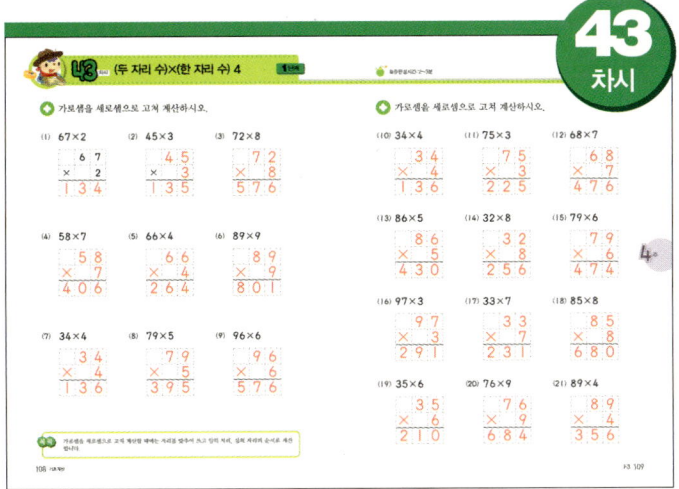

가로셈을 세로셈으로 고쳐 계산할 때에는 자리를 맞추어 쓰고 일의 자리, 십의 자리의 순서로 계산합니다.

44 차시

44 (두 자리 수)×(한 자리 수) 4

가로셈을 세로셈으로 고쳐 계산하시오.

(1) 34×6 → 204	(2) 86×5 → 430	(3) 49×4 → 196
(4) 66×3 → 198	(5) 87×2 → 174	(6) 58×7 → 406
(7) 73×4 → 292	(8) 58×3 → 174	(9) 75×2 → 150
(10) 58×6 → 348	(11) 77×8 → 616	(12) 96×5 → 480
(13) 48×3 → 144	(14) 39×4 → 156	(15) 87×2 → 174
(16) 59×5 → 295	(17) 63×6 → 378	(18) 46×4 → 184
(19) 78×7 → 546	(20) 49×3 → 147	(21) 94×6 → 564

110 F3 111

110~111쪽

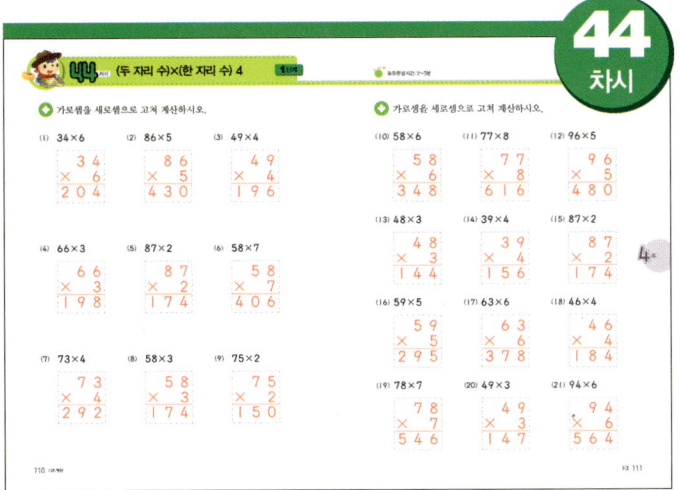

앞에서 충분히 연습했으므로 올림한 수를 쓰지 않고 바로 답을 적을 수 있도록 노력합니다.

정답 및 지도서 F3

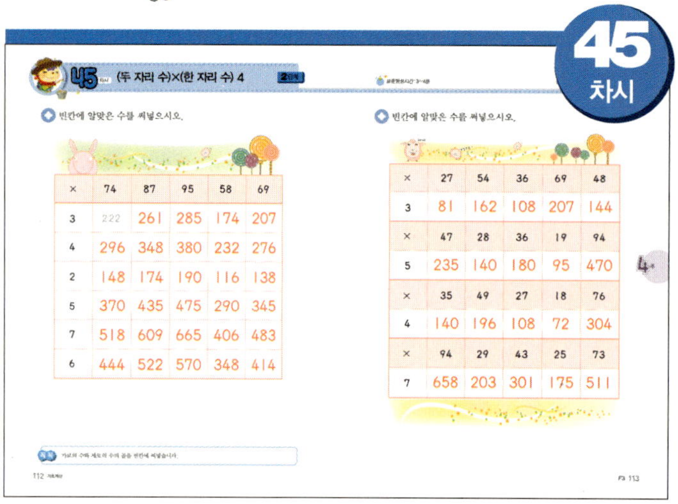

45 차시

45차시 (두 자리 수)×(한 자리 수) 4

◆ 빈칸에 알맞은 수를 써넣으시오.

×	74	87	95	58	69
3	222	261	285	174	207
4	296	348	380	232	276
2	148	174	190	116	138
5	370	435	475	290	345
7	518	609	665	406	483
6	444	522	570	348	414

◆ 빈칸에 알맞은 수를 써넣으시오.

×	27	54	36	69	48
3	81	162	108	207	144
×	47	28	36	19	94
5	235	140	180	95	470
×	35	49	27	18	76
4	140	196	108	72	304
×	94	29	43	25	73
7	658	203	301	175	511

112 기초계산 / F3 113

112~113쪽

가로의 수와 세로의 수의 곱을 빈칸에 씁니다. 가능한 식을 따로 쓰지 않고 해결하도록 합니다.

46 차시

46차시 (두 자리 수)×(한 자리 수) 4

◆ 빈칸에 알맞은 수를 써넣으시오.

32	×	3	=	96
×		×		×
2	×	3	=	6
=		=		=
64	×	9	=	576

◆ 빈칸에 알맞은 수를 써넣으시오.

26	×	2	=	52
×		×		×
3	×	2	=	6
=		=		=
78	×	4	=	312

114 기초계산 / F3 115

114~115쪽

채울 수 있는 빈칸부터 차례로 채워 나가도록 합니다. 따로 식을 세우지 않고 머릿속에서 계산하여 답을 씁니다.

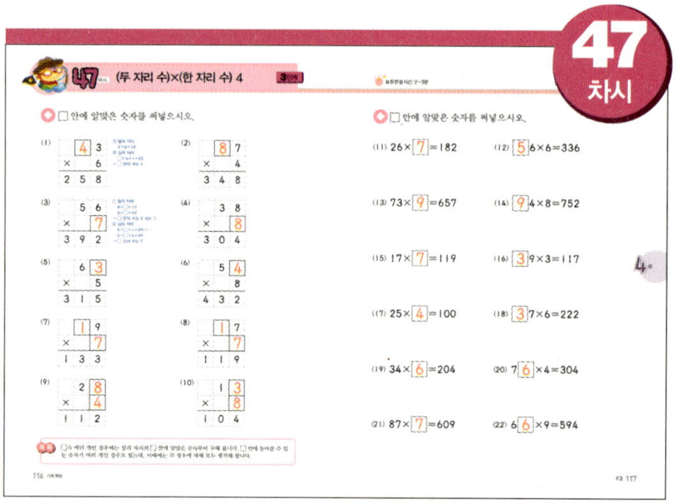

47 차시

47차시 (두 자리 수)×(한 자리 수) 4

◆ □ 안에 알맞은 숫자를 써넣으시오.

(1) [4]3 × 6 = 258
(2) [8]7 × 4 = 348
(3) 56 × [7] = 392
(4) 38 × [8] = 304
(5) 6[3] × 5 = 315
(6) 5[4] × 8 = 432
(7) [1]9 × [7] = 133
(8) [1]7 × [7] = 119
(9) 2[8] × [4] = 112
(10) 1[3] × [8] = 104

◆ □ 안에 알맞은 숫자를 써넣으시오.

(11) 26×[7]=182
(12) [5]6×6=336
(13) 73×[9]=657
(14) [9]4×8=752
(15) 17×[7]=119
(16) [3]9×3=117
(17) 25×[4]=100
(18) [3]7×6=222
(19) 34×[6]=204
(20) 7[6]×4=304
(21) 87×[7]=609
(22) 6[6]×9=594

116 기초계산 / F3 117

116~117쪽

□가 여러 개인 경우에는 일의 자리 □ 안에 알맞은 숫자부터 구해 봅니다. □ 안에 들어갈 수 있는 숫자가 여러 개인 경우도 있는데, 이때에는 각 경우에 대해 모두 생각해 봅니다.

48 차시

(두 자리 수)×(한 자리 수) 4

빈칸에 알맞은 수를 써넣으시오.

32	×	2	=	64
×		×		×
3	×	3	=	9
=		=		=
96	×	6	=	576

빈칸에 알맞은 수를 써넣으시오.

19	×	3	=	57
×		×		×
4	×	2	=	8
=		=		=
76	×	6	=	456

118~119쪽

곱해지는 수의 일의 자리 숫자와 곱의 일의 자리 숫자를 보고 빈칸에 들어갈 수를 예상합니다. 예상한 수를 넣어 계산한 값이 맞는지 확인하면서 답을 구합니다.

정답 및 지도서 F3

종합 평가 F3

120~122쪽

• 일의 자리부터 차례로 계산하여 자릿수에 맞게 구한 곱을 쓰도록 합니다.
• 받아올림에 주의하며 가로셈과 세로셈 모두 능숙하게 계산할 수 있어야 합니다.

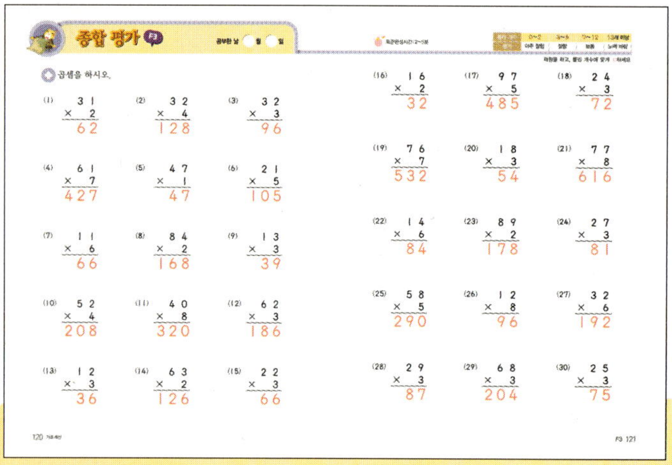
종합 평가 F3

곱셈을 하시오.

(1) 31 × 2 = 62
(2) 32 × 4 = 128
(3) 32 × 3 = 96
(4) 61 × 7 = 427
(5) 47 × 1 = 47
(6) 21 × 5 = 105
(7) 11 × 6 = 66
(8) 84 × 2 = 168
(9) 13 × 3 = 39
(10) 52 × 4 = 208
(11) 40 × 8 = 320
(12) 62 × 3 = 186
(13) 12 × 3 = 36
(14) 63 × 2 = 126
(15) 22 × 3 = 66
(16) 16 × 2 = 32
(17) 97 × 5 = 485
(18) 24 × 3 = 72
(19) 76 × 7 = 532
(20) 18 × 3 = 54
(21) 77 × 8 = 616
(22) 14 × 6 = 84
(23) 89 × 2 = 178
(24) 27 × 3 = 81
(25) 58 × 5 = 290
(26) 12 × 8 = 96
(27) 32 × 6 = 192
(28) 29 × 3 = 87
(29) 68 × 3 = 204
(30) 25 × 3 = 75

120 기초계산 F3 121

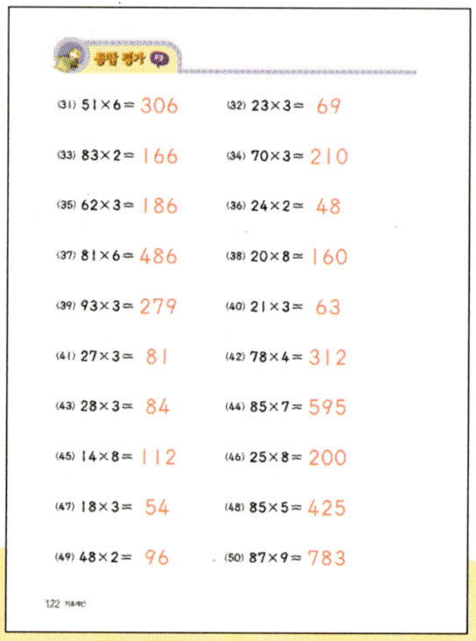
종합 평가 F3

(31) 51×6= 306
(32) 23×3= 69
(33) 83×2= 166
(34) 70×3= 210
(35) 62×3= 186
(36) 24×2= 48
(37) 81×6= 486
(38) 20×8= 160
(39) 93×3= 279
(40) 21×3= 63
(41) 27×3= 81
(42) 78×4= 312
(43) 28×3= 84
(44) 85×7= 595
(45) 14×8= 112
(46) 25×8= 200
(47) 18×3= 54
(48) 85×5= 425
(49) 48×2= 96
(50) 87×9= 783

122 기초계산